**MIDNIGHT LIGHTS
PUBLISHING HOUSE
PREZENTUJE:**

NAJLEPSZY PSZCZELARZ

BRZĘCZĄCY BIZNES

**AUTOR KSIĄŻKI:
BILL POLLIN
MARCUS RICHFIELD**

SPIS TREŚCI

Wprowadzenie..1

Część 1: Zrozumienie trendów na rynku miodu..2

Część 2: Opracowanie unikalnej tożsamości marki..12

Część 3: Wymagania dotyczące pakowania i etykietowania..........................23

Część 4: Sprzedaż bezpośrednia a strategie hurtowe..36

Część 5: Marketing internetowy i handel elektroniczny dla pszczelarzy.......49

Część 6: Uczestnictwo w targach i jarmarkach rolniczych............................62

Podsumowanie...73

KSIĄŻKA ZOSTAŁA PRZETŁUMACZONA Z JĘZYKA ANGIELSKIEGO, PRZEZ CO CZASAMI POZOSTAWIAMY NAZWY WŁASNE, LUB UŻYWAMY SYNONIMÓW, JESTEŚMY JEDNAK PRZEKONANI, ŻE NIE ZABURZY TO ODBIORU I DA WAM MOŻLIWOŚĆ SPRÓBOWANIA ZUPEŁNIE NOWYCH, KREATYWNYCH SMAKÓW, A TAKŻE NABYCIE NOWYCH, LUB ZWIĘKSZENIE JUŻ POSIADANYCH ZDOLNOŚCI!

1IN=2,5CM

1OZ=30ML

COPYRIGHT © 2024 BY ALICIA LIMOEIRO WSZELKIE PRAWA ZASTRZEŻONE. ŻADNA CZĘŚĆ TEJ KSIĄŻKI NIE MOŻE BYĆ POWIELANA W JAKIEJKOLWIEK FORMIE BEZ PISEMNEJ ZGODY WYDAWCY LUB AUTORA, Z WYJĄTKIEM PRZYPADKÓW DOZWOLONYCH PRZEZ POLSKIE PRAWO AUTORSKIE.

Wprowadzenie

Marketing i sprzedaż miodu są kluczowymi elementami udanej działalności pszczelarskiej. Skuteczne strategie marketingowe pomagają pszczelarzom dotrzeć do szerszego grona odbiorców, wyróżnić swoje produkty i zbudować silną markę na konkurencyjnym rynku. Rozumiejąc preferencje i wymagania konsumentów, pszczelarze mogą dostosować swoje produkty do potrzeb rynku, zapewniając stały napływ klientów i zwiększoną sprzedaż. Ponadto sprzedaż miodu za pośrednictwem różnych kanałów, takich jak sprzedaż bezpośrednia, hurtownie i platformy internetowe, może zdywersyfikować strumienie przychodów i poprawić stabilność biznesu.

Miód to nie tylko słodzik; to produkt o licznych korzyściach zdrowotnych, znaczeniu kulturowym i wielu zastosowaniach. Promowanie tych unikalnych aspektów poprzez ukierunkowany marketing może pomóc w edukacji konsumentów i budowaniu bazy lojalnych klientów. Ponadto, w miarę jak konsumenci stają się coraz bardziej świadomi pochodzenia produktów i metod produkcji, podkreślanie etycznych praktyk, zrównoważonego rozwoju i jakości może wyróżnić twój miód na rynku.

Krótka osobista anegdota lub historia sukcesu, aby zaangażować czytelników

20 lat temu rozpocząłem swoją przygodę z pszczelarstwem od pojedynczego ula w moim ogrodzie. Początkowo moim celem było po prostu cieszenie się świeżym miodem i wspieranie lokalnych zapylaczy. Jednak gdy dowiedziałem się więcej o fascynującym świecie pszczół i produkcji miodu, dostrzegłem możliwość przekształcenia mojego hobby w biznes. Zacząłem badać trendy rynkowe, uczestniczyć w warsztatach i eksperymentować z różnymi strategiami marketingowymi.

Jeden z moich pierwszych dużych sukcesów przyszedł, gdy zdecydowałem się wziąć udział w lokalnym targu rolniczym. Zainwestowałem w atrakcyjne opakowanie, stworzyłem atrakcyjną historię marki i zaangażowałem się bezpośrednio w kontakt z klientami. Reakcja była przytłaczająca i szybko wyprzedałem początkowe zapasy. Zachęcony tym sukcesem, rozszerzyłem swoją działalność, stworzyłem sklep internetowy i rozpocząłem współpracę z lokalnymi sprzedawcami detalicznymi. Dziś mój miodowy biznes kwitnie, a ja zbudowałem bazę lojalnych klientów, którzy doceniają jakość i dbałość o każdy słoik miodu.

Część 1: Zrozumienie trendów na rynku miodu

Analiza trendów rynkowych

Aktualne trendy na rynku miodu

Rynek miodu stale ewoluuje pod wpływem zmieniających się preferencji konsumentów, trendów zdrowotnych i troski o środowisko. Jednym z najbardziej zauważalnych trendów jest rosnące zapotrzebowanie na produkty naturalne i organiczne. Konsumenci stają się coraz bardziej świadomi zdrowia i poszukują miodu, który jest surowy, organiczny i wolny od dodatków i konserwantów. Trend ten jest napędzany przez postrzegane korzyści zdrowotne naturalnego miodu, w tym jego właściwości przeciwutleniające, przeciwbakteryjne i przeciwzapalne.

Kolejnym istotnym trendem jest rosnące zainteresowanie specjalistycznymi i rzemieślniczymi odmianami miodu. Konsumenci są skłonni zapłacić wyższą cenę za unikalne smaki i wysokiej jakości miód z określonych kwiatów lub regionów. Doprowadziło to do wzrostu popularności miodów jednokwiatowych, takich jak miód manuka, akacjowy i koniczynowy, z których każdy oferuje odrębne smaki i korzyści zdrowotne.

Zrównoważony rozwój jest również kluczowym trendem, a konsumenci są coraz bardziej zainteresowani miodem produkowanym w sposób przyjazny dla środowiska i etyczny. Obejmuje to miód produkowany w ramach ekologicznych praktyk pszczelarskich, certyfikacji sprawiedliwego handlu i wysiłków na rzecz wspierania populacji pszczół i różnorodności biologicznej.

Preferencje i wymagania konsumentów

Preferencje konsumentów dotyczące miodu zmieniają się w kierunku produktów, które oferują korzyści zdrowotne, przejrzystość i zrównoważony rozwój. Rośnie popyt na surowy miód, który jest minimalnie przetworzony i zachowuje swoje naturalne enzymy i składniki odżywcze. Konsumenci poszukują również miodu wolnego od dodatków, chemikaliów i antybiotyków.

Opakowanie odgrywa ważną rolę w preferencjach konsumentów. Atrakcyjne, zrównoważone opakowanie, które informuje o jakości i pochodzeniu miodu, może zwiększyć jego atrakcyjność. Wyraźne oznakowanie, w tym informacje o źródle kwiatów, regionie i metodach produkcji, pomaga budować zaufanie i przyciągać konsumentów dbających o zdrowie.

Lokalny i identyfikowalny miód również zyskuje na popularności, ponieważ konsumenci starają się wspierać lokalnych producentów i zmniejszać swój ślad węglowy. Miód, który opowiada historię, niezależnie od tego, czy chodzi o rodzinę pszczelarską, unikalną florę regionu czy stosowane praktyki zrównoważonego rozwoju, może stworzyć silną więź emocjonalną z klientami.

Wpływ dynamiki globalnego rynku na lokalną sprzedaż miodu

Globalna dynamika rynku, taka jak polityka handlowa, zmiany klimatyczne i popyt międzynarodowy, może mieć znaczący wpływ na lokalną sprzedaż miodu. Na przykład umowy handlowe i taryfy celne mogą wpływać na konkurencyjność importowanego i eksportowanego miodu. Lokalni pszczelarze muszą być na bieżąco z tymi zmianami, aby odpowiednio dostosować swoje strategie.

Zmiany klimatyczne stanowią poważne zagrożenie dla produkcji miodu, wpływając na dostępność i zdrowie źródeł kwiatów. Zmiany wzorców pogodowych mogą zakłócać cykle kwitnienia i zmniejszać dostępność nektaru, wpływając na plony miodu. Pszczelarze muszą dostosować się do tych zmian poprzez dywersyfikację źródeł pożywienia i przyjęcie zrównoważonych praktyk.

Międzynarodowy popyt na wysokiej jakości miód, szczególnie z rynków takich jak Unia Europejska i Stany Zjednoczone, może stworzyć możliwości dla lokalnych producentów. Spełniając surowe normy jakości i certyfikacji, pszczelarze mogą wejść na te lukratywne rynki. Muszą oni jednak być również przygotowani na konkurowanie z dużymi producentami i poruszanie się w złożonych środowiskach regulacyjnych.

Zrozumienie tych trendów i dynamiki ma kluczowe znaczenie dla opracowania skutecznych strategii marketingowych i sprzedażowych, które będą rezonować z konsumentami i wykorzystywać możliwości rynkowe. Będąc na bieżąco i dostosowując się, pszczelarze mogą zapewnić swoim produktom miodowym sukces na stale zmieniającym się rynku.

Identyfikacja rynków docelowych

Różne segmenty rynku miodu

Rynek miodu obejmuje różne segmenty, z których każdy definiowany jest przez unikalne preferencje konsumentów i wzorce zakupów. Konsumenci dbający o zdrowie stanowią znaczący segment, kierując się pragnieniem naturalnych i pożywnych produktów. Osoby te preferują miód, który jest surowy, organiczny i nie zawiera dodatków, a także cenią jego właściwości przeciwutleniające i przeciwdrobnoustrojowe. Smakosze i entuzjaści jedzenia to kolejny kluczowy segment, poszukujący wysokiej jakości miodów specjalnych, które oferują unikalne smaki i konsystencje. Konsumenci ci są często skłonni zapłacić wyższą cenę za miody jednokwiatowe, takie jak Manuka, Akacja lub Lawenda, ponieważ doceniają charakterystyczne smaki i zastosowania kulinarne oferowane przez te produkty.

Świadomi ekologicznie konsumenci stanowią rosnący segment, który jest coraz bardziej zaniepokojony wpływem swoich zakupów na środowisko. Preferują oni miód produkowany przy użyciu zrównoważonych i ekologicznych metod, często poszukując certyfikatów, takich jak Fair Trade, aby zapewnić etyczne praktyki produkcyjne. Lokalni zwolennicy koncentrują się na pozyskiwaniu miodu z ich okolicy, ceniąc historię stojącą za produktem i możliwość wspierania lokalnych pszczelarzy. Segment ten jest szczególnie zainteresowany identyfikowalnym miodem, który podkreśla jego pochodzenie i praktyki pszczelarskie.

Konsumenci, którzy używają miodu jako naturalnego słodzika w codziennej diecie, stanowią szeroki i zróżnicowany rynek. Osoby te poszukują dostępnych i niedrogich produktów miodowych dostępnych w supermarketach i sklepach spożywczych. Mogą nie przywiązywać tak dużej wagi do konkretnego rodzaju miodu, ale nadal doceniają jego naturalne właściwości i wszechstronność.

Profile typowych konsumentów miodu

Zrozumienie profilu typowego konsumenta miodu pomaga opracować ukierunkowane strategie marketingowe. Entuzjasta zdrowia, często w wieku od 25 do 45 lat, dba o utrzymanie zdrowego stylu życia. Konsument ten jest dobrze poinformowany o korzyściach odżywczych miodu i preferuje surowe i organiczne odmiany ze względu na ich naturalne enzymy i przeciwutleniacze. Prawdopodobnie robi zakupy w sklepach ze zdrową żywnością lub sklepach internetowych specjalizujących się w produktach zdrowotnych.

Foodie, zwykle w wieku od 30 do 55 lat, lubi eksperymentować z różnymi potrawami i smakami. Poszukują oni wysokiej jakości, unikalnych miodów i są zainteresowani sklepami z żywnością dla smakoszy, targami rolnymi i specjalistycznymi sklepami internetowymi. Foodie docenia bogate, zróżnicowane smaki miodów jednokwiatowych i często włącza je do swoich kulinarnych kreacji.

Eko-wojownik, zazwyczaj w wieku od 20 do 40 lat, w swoich decyzjach zakupowych priorytetowo traktuje zrównoważony rozwój środowiska. Szukają produktów o minimalnym wpływie na środowisko, takich jak miód organiczny i pochodzący ze sprawiedliwego handlu. Konsument ten jest zaangażowany w programy rolnictwa wspieranego przez społeczność i ekologicznych sprzedawców detalicznych, co odzwierciedla jego zaangażowanie w etyczną i zrównoważoną konsumpcję.

Lokalny patron, często w wieku od 35 do 60 lat, ceni sobie wspieranie lokalnych firm i woli kupować miód bezpośrednio od pszczelarzy na targach rolniczych lub za pośrednictwem lokalnych spółdzielni i stoisk rolniczych. Doceniają przejrzystość i identyfikowalność miodu produkowanego lokalnie i lubią znać historię stojącą za ich zakupem.

Everyday User to szeroka grupa demograficzna obejmująca osoby, które używają miodu jako naturalnego słodzika w codziennym życiu. Segment ten poszukuje niedrogich, dostępnych produktów z miodem, które są powszechnie dostępne w supermarketach i sklepach spożywczych. Mogą oni nie preferować konkretnego rodzaju miodu, ale doceniają jego naturalne właściwości i wszechstronność w codziennym użytkowaniu.

Rynki niszowe i specjalistyczne produkty miodowe

Rynki niszowe w branży miodowej wyłaniają się, ponieważ konsumenci poszukują produktów, które zaspokajają określone gusta i potrzeby. Miody infuzowane, które łączą miód z naturalnymi aromatami, takimi jak zioła, przyprawy lub owoce, zyskują popularność wśród smakoszy. Produkty te oferują unikalne profile smakowe, które mogą być wykorzystywane w zastosowaniach kulinarnych lub spożywane samodzielnie. Kolejną niszą rynkową jest miód leczniczy, który obejmuje odmiany takie jak miód Manuka, znany ze swoich właściwości leczniczych. Konsumenci w tym segmencie rynku poszukują miodu ze względu na jego korzyści zdrowotne, takie jak gojenie się ran i wspomaganie odporności.

Miód rzemieślniczy, produkowany przy użyciu tradycyjnych metod pszczelarskich, przemawia do konsumentów zainteresowanych wysokiej jakości, ręcznie wytwarzanymi produktami. Rynek ten docenia kunszt i dbałość o szczegóły, które towarzyszą produkcji miodu rzemieślniczego. Ponadto rynek miodu organicznego i miodu pochodzącego z uczciwego handlu stale rośnie, ponieważ konsumenci stają się bardziej świadomi ekologicznie i społecznie. Produkty te są atrakcyjne dla osób ceniących etyczne praktyki produkcyjne i zrównoważony rozwój.

Analiza konkurencji

Identyfikacja kluczowych konkurentów

Zrozumienie otoczenia konkurencyjnego ma kluczowe znaczenie dla skutecznego pozycjonowania produktów miodowych. Kluczowymi konkurentami na rynku miodu są wielkoskalowi producenci komercyjni, lokalni pszczelarze i specjalistyczne marki miodu. Producenci wielkoskalowi korzystają z efektu skali, co pozwala im oferować miód po niższych cenach. Tacy konkurenci często dominują na półkach supermarketów i mają znaczący zasięg rynkowy. Z drugiej strony, lokalni pszczelarze oferują świeży, często surowy miód, który przemawia do konsumentów zainteresowanych wspieraniem lokalnego rolnictwa. Specjalistyczne marki miodu koncentrują się na unikalnych produktach, takich jak miody jednokwiatowe lub miody infuzowane, zaspokajając potrzeby niszowych rynków, które są skłonne zapłacić wyższą cenę za jakość i wyjątkowość.

Analiza konkurencji obejmuje ocenę oferty produktów, strategii cenowych, kanałów dystrybucji i taktyk marketingowych. Na przykład zbadanie, w jaki sposób duzi producenci pozycjonują swoje produkty na rynku, może zapewnić wgląd w konkurencyjne ceny i atrakcyjność dla rynku masowego. Zrozumienie unikalnych punktów sprzedaży lokalnych pszczelarzy i specjalistycznych marek może pomóc w zidentyfikowaniu możliwości zróżnicowania produktów.

Analiza strategii konkurencji

Analiza konkurencji obejmuje dokładne zbadanie strategii stosowanych przez innych graczy na rynku. Obejmuje to przyjrzenie się ich komunikatom marketingowym, pozycjonowaniu marki i wysiłkom na rzecz zaangażowania klientów. Producenci wielkoskalowi mogą skupiać się na wygodzie i przystępności cenowej, podkreślając swoją zdolność do zapewnienia stałych dostaw na dużą skalę. Lokalni pszczelarze mogą podkreślać świeżość i czystość swojego miodu, a także zrównoważone i etyczne praktyki pszczelarskie. Specjalistyczne marki miodu często promują unikalne cechy swoich produktów, takie jak specyficzne źródła kwiatów, korzyści zdrowotne lub rzemieślnicze metody produkcji.

Badanie cyfrowej obecności konkurentów, takiej jak ich strony internetowe i kanały mediów społecznościowych, może ujawnić, w jaki sposób angażują się oni w relacje z klientami i budują lojalność wobec marki. Zrozumienie ich strategii dystrybucji, czy to poprzez partnerstwa detaliczne, sprzedaż online czy modele sprzedaży bezpośredniej, może również dostarczyć cennych informacji. Analizując te aspekty, można zidentyfikować luki na rynku i możliwości wyróżnienia swoich produktów miodowych.

Znalezienie przewagi konkurencyjnej

Znalezienie przewagi konkurencyjnej oznacza wykorzystanie unikalnych atutów, aby wyróżnić się na rynku. Może to być jakość i czystość miodu, zrównoważone i etyczne praktyki produkcyjne lub przekonująca historia marki, która rezonuje z konsumentami. Podkreślanie tych USP w materiałach marketingowych i na opakowaniach produktów może przyciągnąć konsumentów poszukujących produktów odpowiadających ich wartościom i preferencjom.

Opracowanie silnej tożsamości marki ma również kluczowe znaczenie dla stworzenia przewagi konkurencyjnej. Obejmuje to stworzenie zapadającej w pamięć nazwy marki, zaprojektowanie przyciągającego wzrok opakowania i stworzenie narracji, która komunikuje unikalne aspekty Twojego miodu. Angażowanie klientów za pośrednictwem mediów społecznościowych, marketingu e-mailowego i wydarzeń społecznościowych może pomóc w budowaniu lojalności wobec marki i odróżnieniu produktów od konkurencji.

Ponadto, oferowanie szerokiej gamy produktów miodowych, takich jak surowe, organiczne, infuzowane lub jednokwiatowe odmiany, może być atrakcyjne dla różnych segmentów rynku i preferencji konsumentów. Zapewnienie wyjątkowej obsługi klienta, w tym szybkiej wysyłki, łatwych zwrotów i szybkiego wsparcia, może dodatkowo zwiększyć przewagę konkurencyjną.

Identyfikując kluczowych konkurentów, analizując ich strategie i wykorzystując swoje unikalne mocne strony, możesz skutecznie pozycjonować swoje produkty miodowe na rynku i osiągnąć długoterminowy sukces.

Część 2: Opracowanie unikalnej tożsamości marki

Tworzenie historii marki

Znaczenie atrakcyjnej historii marki

Atrakcyjna historia marki jest niezbędna, aby marka miodu wyróżniała się na zatłoczonym rynku. Pomaga ona stworzyć emocjonalną więź z klientami, sprawiając, że marka zapada w pamięć i jest z nimi kojarzona. Ta emocjonalna więź sprzyja lojalności i zaufaniu, które są niezbędne do utrzymania klientów i marketingu szeptanego. Dobrze przygotowana historia nie tylko podkreśla wartości i misję marki, ale także prezentuje unikalne aspekty produkcji miodu, takie jak zrównoważone praktyki, lokalne źródła zaopatrzenia lub tradycyjne metody pszczelarskie. W czasach, gdy konsumenci coraz częściej poszukują autentyczności i przejrzystości, silna historia marki może mieć znaczący wpływ na decyzje zakupowe i lojalność wobec marki.

Historia marki może przekształcić prosty produkt w coś, co ma znaczenie i wartość wykraczającą poza jego podstawową użyteczność. Na przykład, gdy klienci dowiadują się o poświęceniu i trosce włożonej w pszczelarstwo lub o korzyściach dla środowiska wynikających ze zrównoważonych praktyk, są bardziej skłonni poczuć więź z marką. Ta więź może przekształcić jednorazowy zakup w relację na całe życie. Ponadto atrakcyjna historia ułatwia przekazywanie istoty marki w różnych kanałach marketingowych, zapewniając spójność i spójność przekazu.

Elementy dobrej historii marki

Dobra historia marki opiera się na kilku kluczowych elementach. Po pierwsze, powinna mieć wyraźny początek, środek i koniec. Początek wyznacza scenę, przedstawiając początki marki, inspirację stojącą za przedsięwzięciem pszczelarskim i początkowe wyzwania, przed którymi stanąłeś. Ta sekcja powinna przyciągnąć czytelnika i zaciekawić go Twoją podróżą. Środkowa część historii zagłębia się w rozwój i wzrost marki, podkreślając kluczowe kamienie milowe, przełomy i ewolucję produktów. Ta sekcja powinna prezentować zaangażowanie, innowacyjność i unikalne aspekty, które wyróżniają Twój miód.

Koniec historii marki powinien odzwierciedlać obecny sukces i przyszłe ambicje. Powinno dawać poczucie osiągnięć i pędu do przodu, zapraszając klientów do bycia częścią trwającej podróży. Dobra historia marki jest również autentyczna i szczera. Powinna odzwierciedlać rzeczywiste doświadczenia, wartości i misję, unikając przesadnych twierdzeń lub marketingowego żargonu. Autentyczność buduje wiarygodność i zaufanie, które są niezbędne dla długoterminowych relacji z klientami. Wreszcie, atrakcyjna historia powinna wywoływać emocje, niezależnie od tego, czy jest to radość, nostalgia, inspiracja czy empatia. Rezonans emocjonalny sprawia, że historia jest niezapomniana i potężna, pomagając jej wyróżnić się w umysłach konsumentów.

Tworzenie własnej narracji marki

Tworzenie narracji marki obejmuje przemyślany proces refleksji i opowiadania historii. Zacznij od zidentyfikowania podstawowych wartości i misji swojej firmy pszczelarskiej.

Jaka jest Twoja pasja do pszczelarstwa? Co chcesz osiągnąć dzięki swoim produktom miodowym? Zastanów się nad swoją podróżą od początkowego pomysłu do dnia dzisiejszego, podkreślając kluczowe wydarzenia, które ukształtowały Twoją markę. Może to być pierwszy zbiór miodu, pokonane wyzwania lub opinie pierwszych klientów. Te historie nie tylko uczłowieczają Twoją markę, ale także ilustrują Twoje poświęcenie i zaangażowanie.

Następnie zastanów się, co sprawia, że Twój miód jest wyjątkowy. Czy są to konkretne źródła kwiatów, z których korzystasz, Twoje zrównoważone praktyki lub stosowane przez Ciebie metody rzemieślnicze? Wpleć te elementy w swoją narrację, aby podkreślić unikalne punkty sprzedaży swoich produktów. Użyj żywych opisów i osobistych anegdot, aby ożywić swoją historię i sprawić, że będzie ona powiązana i wciągająca dla odbiorców. Na przykład, możesz opisać spokojne poranki spędzone na doglądaniu uli, skrupulatny proces zbierania miodu lub radość z oglądania swoich produktów przez klientów.

Aby upewnić się, że Twoja historia rezonuje z docelowymi odbiorcami, skup się na tematach, które są zgodne z ich wartościami i zainteresowaniami. Jeśli Twoi klienci dbają o zdrowie, podkreśl naturalne i zdrowotne właściwości miodu. Jeśli są świadomi kwestii środowiskowych, podkreśl swoje zrównoważone praktyki i wysiłki na rzecz wspierania lokalnych ekosystemów. Wreszcie, bądź konsekwentny w opowiadaniu historii we wszystkich kanałach marketingowych, od strony internetowej i mediów społecznościowych po opakowania produktów i komunikację z klientami. Spójność wzmacnia tożsamość marki i pomaga budować spójną i silną obecność na rynku.

Tworząc przekonującą i autentyczną historię marki, można stworzyć potężne narzędzie, które nie tylko wyróżnia produkty miodowe, ale także buduje trwałe relacje z klientami. Historia ta stanie się podstawą tożsamości marki, kierując działaniami marketingowymi i pomagając nawiązać głębszy kontakt z konsumentami.

Projektowanie marki

Tworzenie zapadającej w pamięć nazwy i logo marki

Stworzenie zapadającej w pamięć nazwy marki i logo ma fundamentalne znaczenie dla ustanowienia silnej tożsamości marki. Nazwa marki powinna być unikalna, łatwa do wymówienia i odzwierciedlać istotę marki. Powinna oddawać istotę działalności pszczelarskiej i zapadać w pamięć docelowych odbiorców. Podczas burzy mózgów warto rozważyć słowa, które przywołują naturalne i zdrowe właściwości miodu. Pomyśl o pochodzeniu miodu, konkretnych źródłach roślinnych i unikalnych cechach, które wyróżniają Twoje produkty. Testowanie potencjalnych nazw z przyjaciółmi, rodziną lub grupą fokusową może dostarczyć cennych informacji zwrotnych i zapewnić, że nazwa będzie rezonować z innymi.

Gdy masz już nazwę, następnym krokiem jest zaprojektowanie logo, które wizualnie reprezentuje Twoją markę. Dobre logo jest proste, ale charakterystyczne i powinno być na tyle uniwersalne, aby mogło być wykorzystywane w różnych mediach, od etykiet produktów po media społecznościowe. Projekt powinien być spójny z tożsamością i wartościami marki. Na przykład logo zawierające naturalne elementy, takie jak kwiaty lub pszczoły, może wzmocnić związek z naturą i zrównoważonym rozwojem. Współpraca z profesjonalnym grafikiem może pomóc zapewnić, że logo jest dopracowane i skutecznie komunikuje przesłanie marki. Dobrze zaprojektowane logo może zwiększyć rozpoznawalność marki i przekazać profesjonalizm, pomagając produktom wyróżnić się na półce.

Wybór kolorów i typografii marki

Kolory i typografia wybrane dla marki odgrywają ważną rolę w przekazywaniu osobowości i wartości marki. Kolory wywołują emocje i mogą wpływać na postrzeganie przez konsumentów. Na przykład zieleń jest często kojarzona z naturą i zrównoważonym rozwojem, podczas gdy złoto lub bursztyn mogą przywoływać bogactwo miodu. Ważne jest, aby wybrać paletę kolorów, która jest spójna z historią marki i przemawia do rynku docelowego. Zastanów się, jak różne kolory będą wyglądać na różnych materiałach opakowaniowych i platformach cyfrowych, aby zapewnić spójność i atrakcyjność.

Typografia, czyli styl i wygląd tekstu, powinna być czytelna i spójna z tonem marki. Nowoczesna, czysta czcionka może spodobać się odbiorcom dbającym o zdrowie, podczas gdy bardziej tradycyjna czcionka może spodobać się konsumentom poszukującym produktów rzemieślniczych. Wybór typografii powinien uzupełniać logo i ogólną estetykę projektu, aby stworzyć spójny i profesjonalny wygląd. Korzystanie z ograniczonej liczby czcionek może pomóc w utrzymaniu spójności we wszystkich materiałach brandingowych, od strony internetowej po etykiety produktów.

Opracowanie głosu i komunikatów marki

Opracowanie spójnego głosu i przekazu marki ma zasadnicze znaczenie dla skutecznej komunikacji. Głos marki powinien odzwierciedlać osobowość i wartości marki, niezależnie od tego, czy jest przyjazny i przystępny, kompetentny i autorytatywny, czy też pełen pasji i inspirujący. Spójny przekaz zapewnia, że cała komunikacja, od postów w mediach społecznościowych po opisy produktów, wzmacnia tożsamość marki. Stwórz kluczowe komunikaty, które podkreślą Twoje unikalne punkty sprzedaży, takie jak jakość miodu, zrównoważone praktyki i zaangażowanie na rzecz lokalnych społeczności. Używaj tych komunikatów konsekwentnie na wszystkich platformach, aby zbudować spójną i rozpoznawalną markę.

Głos marki powinien być autentyczny i rezonować z docelowymi odbiorcami. Jeśli Twoja marka ceni sobie zrównoważony rozwój, Twój przekaz powinien odzwierciedlać Twoje zaangażowanie w ochronę środowiska. Podziel się historiami o swoich praktykach pszczelarskich, dbałości o produkcję miodu i pozytywnym wpływie Twojej firmy na lokalny ekosystem. Nie tylko wzmocni to wartości marki, ale także zbuduje zaufanie i lojalność klientów.

Pisanie atrakcyjnych tekstów na stronę internetową, do mediów społecznościowych i materiałów marketingowych jest ważnym aspektem rozwijania głosu marki. Używaj języka, który angażuje odbiorców i przekazuje pasję i troskę stojącą za Twoimi produktami. Niezależnie od tego, czy opisujesz smak konkretnego rodzaju miodu, dzielisz się przepisem, czy wyjaśniasz proces pszczelarski, Twoje wiadomości powinny być jasne, pouczające i zgodne z tonem Twojej marki.

Podsumowując, branding obejmuje stworzenie zapadającej w pamięć nazwy i logo marki, wybór kolorów i typografii, które odzwierciedlają tożsamość marki, a także opracowanie spójnego głosu marki i komunikatów. Elementy te współpracują ze sobą, aby stworzyć spójną i rozpoznawalną markę, która będzie rezonować z docelowymi odbiorcami, budować zaufanie i wyróżniać produkty miodowe na rynku. Inwestując czas i wysiłek w te aspekty brandingu, można zbudować solidne podstawy dla swojej działalności pszczelarskiej i osiągnąć długoterminowy sukces.

Budowanie spójności marki

Zapewnienie spójnego brandingu na wszystkich platformach

Zapewnienie spójnego brandingu na wszystkich platformach ma kluczowe znaczenie dla utrzymania spójnej tożsamości marki, która rezonuje z konsumentami i buduje zaufanie. Spójność pomaga wzmocnić wizerunek marki i ułatwia klientom rozpoznawanie i zapamiętywanie produktów. Aby to osiągnąć, należy ustandaryzować elementy marki, w tym logo, paletę kolorów, typografię i komunikaty, oraz zapewnić ich spójne stosowanie we wszystkich punktach styku.

Zacznij od stworzenia kompleksowych wytycznych dotyczących marki, które szczegółowo określają, w jaki sposób elementy marki powinny być używane. Wytyczne te powinny zawierać specyfikacje dotyczące logo, takie jak rozmiar, umiejscowienie i dopuszczalne odmiany. Powinny one również określać paletę kolorów z dokładnymi kodami kolorów (np. hex, RGB, CMYK), aby zapewnić spójność materiałów cyfrowych i drukowanych. Wytyczne dotyczące typografii powinny określać czcionki używane w różnych typach treści, takich jak nagłówki, tekst główny i podpisy.

Następnie należy konsekwentnie stosować te wytyczne we wszystkich kanałach marketingowych, w tym w witrynie internetowej, profilach w mediach społecznościowych, opakowaniach produktów, materiałach promocyjnych i komunikacji e-mailowej. Na przykład strona internetowa powinna używać tego samego schematu kolorów i czcionek, co etykiety produktów, a posty w mediach społecznościowych powinny odzwierciedlać głos i styl wizualny marki. Utrzymując spójny wygląd i styl, tworzysz płynne doświadczenie marki, które buduje rozpoznawalność i zaufanie.

Szkolenie pracowników i partnerów w zakresie wytycznych dotyczących marki

Szkolenie pracowników i partnerów w zakresie wytycznych dotyczących marki ma zasadnicze znaczenie dla zapewnienia spójności w sposobie reprezentowania marki. Każda osoba zaangażowana w promocję lub sprzedaż produktów miodowych powinna rozumieć i przestrzegać tych wytycznych, aby zachować spójną tożsamość marki. Zacznij od przeprowadzenia sesji szkoleniowych, które wprowadzą wytyczne dotyczące marki i wyjaśnią ich znaczenie. Wykorzystaj rzeczywiste przykłady, aby zademonstrować, jak stosować wytyczne w różnych scenariuszach, takich jak pisanie postów w mediach społecznościowych, projektowanie materiałów marketingowych lub konfigurowanie ekspozycji produktu.

Zapewnij pracownikom i partnerom dostęp do wytycznych dotyczących marki w łatwym w użyciu formacie, takim jak drukowany podręcznik lub dokument cyfrowy przechowywany na wspólnym dysku. Upewnij się, że wytyczne są łatwo dostępne i regularnie aktualizowane, aby odzwierciedlić wszelkie zmiany w strategii marki. Zachęcaj do otwartej komunikacji i zapewnij punkt kontaktowy w przypadku jakichkolwiek pytań lub wyjaśnień dotyczących wytycznych.

Uwzględnij szkolenie dotyczące marki w procesie wprowadzania nowych pracowników i partnerów, aby upewnić się, że od samego początku rozumieją wartości, misję i tożsamość marki. Regularnie wzmacniaj znaczenie spójności marki poprzez ciągłe szkolenia, warsztaty i aktualizacje. Wspierając kulturę zarządzania marką, zapewniasz, że wszyscy w Twojej organizacji są zaangażowani w utrzymanie integralności Twojej marki.

Monitorowanie i utrzymywanie integralności marki

Monitorowanie i utrzymywanie integralności marki to ciągły proces, który wymaga czujności i proaktywnego zarządzania. Regularnie sprawdzaj wszystkie punkty kontaktu z marką, aby upewnić się, że są one zgodne z wytycznymi dotyczącymi marki i konsekwentnie odzwierciedlają tożsamość marki. Obejmuje to stronę internetową, profile w mediach społecznościowych, biuletyny e-mailowe, opakowania produktów i wszystkie materiały promocyjne.

Przeprowadzaj regularne audyty marki, aby ocenić, jak dobrze Twoja marka jest reprezentowana na różnych platformach. Podczas tych audytów sprawdzaj spójność elementów wizualnych, przekazu i ogólnej prezentacji. Zidentyfikuj wszelkie niespójności lub obszary, w których wytyczne dotyczące marki nie są przestrzegane i w razie potrzeby podejmij działania naprawcze. Narzędzia takie jak monitorowanie mediów społecznościowych i analityka mogą pomóc w śledzeniu postrzegania marki i zapewnieniu jej spójności.

Zbieraj informacje zwrotne od klientów, pracowników i partnerów, aby uzyskać wgląd w to, jak postrzegana jest Twoja marka i czy jest ona zgodna z zamierzoną tożsamością. Wykorzystaj te informacje zwrotne, aby wprowadzić niezbędne poprawki do wytycznych marki lub strategii wdrażania. Bądź na bieżąco z trendami rynkowymi i działaniami konkurencji, aby zapewnić, że Twoja marka pozostanie istotna i konkurencyjna.

Wreszcie, bądź przygotowany na dostosowanie wytycznych dotyczących marki w miarę rozwoju firmy. Chociaż spójność jest kluczowa, ważne jest również, aby pozostać elastycznym i reagować na zmiany na rynku i preferencje konsumentów. Regularnie aktualizuj wytyczne dotyczące marki, aby odzwierciedlić nowe produkty, usługi lub kierunki strategiczne, i upewnij się, że wszyscy interesariusze są świadomi tych aktualizacji.

Zapewniając spójny branding na wszystkich platformach, szkoląc pracowników i partnerów w zakresie wytycznych dotyczących marki oraz monitorując i utrzymując integralność marki, można zbudować silną, spójną markę, która będzie rezonować z odbiorcami i przetrwa próbę czasu. Ta spójność nie tylko zwiększa rozpoznawalność marki i lojalność, ale także pomaga wyróżnić produkty miodowe na konkurencyjnym rynku.

Część 3: Wymagania dotyczące pakowania i etykietowania

Znaczenie dobrego opakowania

Rola opakowania w postrzeganiu produktu przez konsumenta

Opakowanie odgrywa kluczową rolę w postrzeganiu produktu przez konsumenta. Często jest to pierwszy punkt interakcji między produktem a konsumentem, co czyni go ważnym aspektem decyzji o zakupie. Atrakcyjne i dobrze zaprojektowane opakowanie może przyciągnąć uwagę na półce, odróżnić miód od konkurencji oraz przekazać jakość i wartości marki. Badania wykazały, że opakowanie może wpływać na postrzeganie przez konsumenta smaku, jakości i ogólnej wartości produktu. Na przykład, eleganckie opakowanie o wyglądzie premium może sugerować wysoką jakość produktu, podczas gdy opakowanie przyjazne dla środowiska może przemawiać do świadomych ekologicznie konsumentów.

Dobre opakowanie poprawia również wrażenia podczas rozpakowywania, co może mieć znaczący wpływ na zadowolenie i lojalność klientów. Jeśli konsumenci uznają opakowanie za atrakcyjne i funkcjonalne, istnieje większe prawdopodobieństwo, że zapamiętają markę i zostaną stałymi klientami. Ponadto, wraz z rozwojem mediów społecznościowych, atrakcyjne wizualnie opakowanie może zachęcić klientów do dzielenia się swoimi zakupami online, zapewniając bezpłatny marketing i zwiększając świadomość marki.

Poza walorami estetycznymi, opakowania pełnią również funkcję praktyczną, chroniąc miód podczas transportu i przechowywania. Zapewnia, że produkt dotrze do konsumenta w idealnym stanie, zachowując swoją jakość i świeżość. Opakowanie, które jest łatwe do otwierania, użytkowania i przechowywania, może poprawić wrażenia użytkownika, sprawiając, że konsumenci chętniej wybiorą Twój produkt zamiast innych.

Projektowanie atrakcyjnych i funkcjonalnych opakowań

Projektowanie atrakcyjnych i funkcjonalnych opakowań oznacza równoważenie atrakcyjności wizualnej z praktycznością. Pierwszym krokiem do stworzenia skutecznego opakowania jest zrozumienie rynku docelowego i jego preferencji. Na przykład, jeśli główni konsumenci są świadomi kwestii ochrony środowiska, mogą preferować opakowania wykonane z ekologicznych materiałów. Jeśli Twój rynek to miłośnicy wykwintnego jedzenia, eleganckie i wyrafinowane projekty mogą być bardziej atrakcyjne.

Projekt opakowania powinien odzwierciedlać tożsamość i wartości marki. Należy konsekwentnie stosować kolory, typografię i logo marki we wszystkich elementach opakowania, aby stworzyć spójny i rozpoznawalny wygląd. Projekt powinien być prosty, ale przyciągający wzrok, z jasnym i czytelnym tekstem, który przekazuje kluczowe informacje, takie jak rodzaj miodu, jego pochodzenie i wszelkie posiadane certyfikaty. Wysokiej jakości zdjęcia lub ilustracje mogą również zwiększyć atrakcyjność wizualną opakowania i zapewnić dodatkowy kontekst o produkcie.

Funkcjonalność jest równie ważna jak estetyka. Wybierz materiały opakowaniowe, które chronią miód przed światłem, ciepłem i zanieczyszczeniami. Szklane słoiki są popularnym wyborem do pakowania miodu, ponieważ są trwałe, niereaktywne i oferują doskonały wygląd. Plastikowe pojemniki mogą być jednak bardziej praktyczną opcją w przypadku większych ilości lub produktów skierowanych do konsumentów bardziej wrażliwych na cenę. Upewnij się, że opakowanie jest łatwe do otwarcia i ponownego zamknięcia, aby zachować świeżość miodu i zapobiec rozlaniu.

Innowacyjne funkcje opakowania mogą również wyróżnić produkt. Na przykład dodanie łyżki pomiarowej do wieczka, oferowanie butelek z wyciskaczem do łatwego dozowania lub projektowanie słoików, które można układać w stosy w celu wydajnego przechowywania, może poprawić wrażenia konsumentów. Należy również wziąć pod uwagę wpływ wybranych opakowań na środowisko. Wybór materiałów nadających się do recyklingu lub biodegradacji może być atrakcyjny dla świadomych ekologicznie konsumentów i zgodny ze zrównoważonymi praktykami biznesowymi.

Testowanie projektu opakowania na grupie próbnej przed pełnym wdrożeniem może dostarczyć cennych informacji zwrotnych i wskazać wszelkie potencjalne problemy. Proces ten pomaga upewnić się, że opakowanie nie tylko dobrze wygląda, ale także działa dobrze w świecie rzeczywistym. Inwestując w atrakcyjne i funkcjonalne opakowania, można zrobić dobre pierwsze wrażenie, zwiększyć zadowolenie klientów i zbudować bazę lojalnych klientów.

Przepisy dotyczące etykietowania

Zrozumienie lokalnych i międzynarodowych wymogów dotyczących etykietowania

Stany Zjednoczone

W Stanach Zjednoczonych Agencja Żywności i Leków (FDA) nadzoruje wymagania dotyczące etykietowania miodu. Według FDA etykiety miodu muszą zawierać następujące informacje: nazwę zwyczajową produktu (miodu), wagę netto, nazwę i adres producenta, pakującego lub dystrybutora oraz kraj pochodzenia, jeśli miód jest importowany. FDA wymaga również, aby jeśli miód zawiera jakiekolwiek dodane składniki, były one wymienione w porządku malejącym według wagi. W przypadku etykietowania wartości odżywczych, producenci miodu muszą uwzględnić panel informacji o wartościach odżywczych, chyba że produkt kwalifikuje się do zwolnienia z podatku dla małych przedsiębiorstw. Panel ten powinien zawierać wielkość porcji, kalorie, całkowitą zawartość tłuszczu, sodu, całkowitą zawartość węglowodanów, cukrów i białka.

Oświadczenia zdrowotne na etykietach miodu muszą być poparte dowodami naukowymi i zgodne z przepisami FDA.

Stwierdzenia takie jak "wspomaga odporność" lub "bogaty w przeciwutleniacze" muszą być poparte rzetelnymi badaniami i nie mogą wprowadzać w błąd. Twierdzenia wprowadzające w błąd mogą prowadzić do działań regulacyjnych ze strony FDA i potencjalnego uszczerbku na reputacji marki.

Unia Europejska

W Unii Europejskiej etykietowanie miodu jest regulowane przez Dyrektywę Miodową (Dyrektywa Rady 2001/110/WE). Dyrektywa ta wymaga, aby etykiety miodu zawierały nazwę produktu (miodu), kraj lub kraje pochodzenia oraz wszelkie dodatkowe składniki, jeśli miód nie jest czysty. Etykiety muszą również określać, czy miód był filtrowany lub pasteryzowany, ponieważ procesy te mogą wpływać na właściwości miodu i jego postrzeganie przez konsumentów. UE stanowi również, że etykiety nie mogą zawierać wprowadzających w błąd informacji na temat jakości lub pochodzenia miodu.

Europejski Urząd ds. Bezpieczeństwa Żywności (EFSA) nadzoruje oświadczenia zdrowotne w UE. Oświadczenia zdrowotne na etykietach miodu muszą być zatwierdzone przez EFSA i poparte dowodami naukowymi.
Etykietowanie wartości odżywczej w UE musi być zgodne z rozporządzeniem w sprawie przekazywania konsumentom informacji na temat żywności (FIC), które obejmuje informacje na temat wartości energetycznej, tłuszczu, nasyconych kwasów tłuszczowych, węglowodanów, cukrów, białka i soli.

Miód w Japonii

W Japonii etykietowanie miodu jest regulowane przez Prawo Sanitarne Żywności, które jest zarządzane przez Ministerstwo Zdrowia, Pracy i Opieki Społecznej (MHLW). Japońskie przepisy wymagają, aby etykiety miodu zawierały nazwę produktu, składniki, wagę netto, datę ważności, instrukcje przechowywania oraz nazwę i adres producenta lub importera. Etykiety muszą również wskazywać, czy miód zawiera jakiekolwiek dodatki lub został poddany jakiejkolwiek obróbce, która zmienia jego naturalny stan.

W Japonii obowiązują również surowe przepisy dotyczące oświadczeń zdrowotnych. Oświadczenia o korzyściach zdrowotnych miodu muszą być poparte dowodami naukowymi i zatwierdzone przez Agencję Spraw Konsumenckich (CAA). Etykietowanie wartości odżywczej w Japonii musi zawierać informacje o zawartości energii, białka, tłuszczu, węglowodanów i sodu, podobnie jak w USA i UE.

Oznaczanie wartości odżywczej i oświadczenia zdrowotne

Etykietowanie wartości odżywczej dostarcza konsumentom istotnych informacji na temat zawartości składników odżywczych w miodzie, aby pomóc im w dokonywaniu świadomych wyborów. W Stanach Zjednoczonych panel Nutrition Facts zawiera informacje takie jak wielkość porcji, kalorie, tłuszcz ogółem, sód, węglowodany ogółem, cukry i białko. W Unii Europejskiej informacje żywieniowe muszą być podawane w przeliczeniu na 100 gramów lub na porcję, obejmując energię, tłuszcz, kwasy tłuszczowe nasycone, węglowodany, cukry, białko i sól. Japonia wymaga informacji żywieniowych na temat energii, białka, tłuszczu, węglowodanów i sodu, z normami podobnymi do USA i UE.

Oświadczenia zdrowotne na etykietach miodu są ściśle regulowane, aby zapewnić, że nie wprowadzają w błąd i są poparte dowodami naukowymi. W USA oświadczenia zdrowotne są nadzorowane przez FDA, w UE przez EFSA, a w Japonii przez CAA. Producenci muszą przedstawić dowody na poparcie wszelkich twierdzeń dotyczących korzyści zdrowotnych miodu, takich jak jego właściwości przeciwutleniające lub wpływ na układ odpornościowy. Wprowadzające w błąd oświadczenia zdrowotne mogą skutkować działaniami regulacyjnymi i utratą wiarygodności marki.

Kwestie prawne dotyczące etykietowania miodu

Kwestie prawne dotyczące etykietowania miodu obejmują dokładne przedstawienie źródła i składu produktu. W Stanach Zjednoczonych terminy takie jak "organiczny" muszą spełniać standardy organiczne USDA, a stwierdzenia "surowy" lub "czysty" muszą być zgodne z prawdą. Dyrektywa miodowa UE i japońskie prawo sanitarne dotyczące żywności mają podobne wymagania, aby zapewnić, że etykiety miodu dokładnie odzwierciedlają pochodzenie i przetwarzanie produktu.

Oznaczanie kraju pochodzenia jest kluczowym aspektem przepisów dotyczących etykietowania miodu. W Stanach Zjednoczonych importowany miód musi być oznaczony krajem pochodzenia, a jeśli miód jest mieszanką kilku krajów, każdy kraj musi być wymieniony. UE wymaga podobnej przejrzystości na mocy dyrektywy miodowej. Japonia również wymaga, aby etykiety wskazywały kraj pochodzenia, aby pomóc konsumentom w dokonywaniu świadomych wyborów.

Kolejną ważną kwestią są alergeny. Podczas gdy miód sam w sobie nie jest alergenem, wszelkie dodane składniki, które mogą wywoływać alergie, muszą być wyraźnie oznakowane. Ma to zasadnicze znaczenie dla bezpieczeństwa konsumentów i zgodności z przepisami dotyczącymi bezpieczeństwa żywności we wszystkich trzech regionach.

Rozumiejąc i przestrzegając konkretnych przepisów dotyczących etykietowania w Stanach Zjednoczonych, Unii Europejskiej i Japonii, producenci miodu mogą zapewnić zgodność, budować zaufanie konsumentów i zwiększać wiarygodność marki zarówno na rynku krajowym, jak i międzynarodowym.

Opcje zrównoważonych opakowań

Zalety opakowań przyjaznych dla środowiska

Opakowania przyjazne dla środowiska oferują wiele korzyści zarówno dla środowiska, jak i dla marki. Jedną z najważniejszych korzyści jest zmniejszenie wpływu na środowisko. Tradycyjne materiały opakowaniowe, takie jak plastik, w znacznym stopniu przyczyniają się do zanieczyszczenia środowiska i składowania odpadów. Natomiast zrównoważone materiały opakowaniowe są zaprojektowane tak, aby zminimalizować wpływ na środowisko, ponieważ ulegają biodegradacji, nadają się do recyklingu lub są wykonane z zasobów odnawialnych. Zmniejszenie ilości odpadów pomaga chronić ekosystemy i zmniejsza ślad węglowy związany z produkcją i utylizacją opakowań.

Korzystanie z opakowań przyjaznych dla środowiska może również poprawić reputację marki i przemówić do coraz bardziej świadomych ekologicznie konsumentów. Dzisiejsi konsumenci są bardziej świadomi kwestii środowiskowych i wolą wspierać marki, które wykazują zaangażowanie w zrównoważony rozwój. Korzystanie z ekologicznych opakowań może wyróżnić produkty na tle konkurencji i przyciągnąć lojalną bazę klientów, którzy cenią zrównoważone praktyki. Może to również zwiększyć zadowolenie i lojalność klientów, ponieważ czują się oni dobrze podejmując odpowiedzialne środowiskowo decyzje zakupowe.

Ekologiczne opakowania mogą również zaoszczędzić pieniądze w dłuższej perspektywie. Chociaż początkowa inwestycja w zrównoważone materiały może być wyższa, zmniejszenie ilości odpadów i recykling materiałów może obniżyć ogólne koszty. Ponadto firmy, które przyjmują zrównoważone praktyki, mogą korzystać z zachęt podatkowych, grantów lub dotacji mających na celu promowanie odpowiedzialności środowiskowej. Te korzyści finansowe mogą zrównoważyć koszty początkowe i przyczynić się do bardziej zrównoważonego modelu biznesowego.

Zrównoważone materiały i praktyki opakowaniowe

Istnieje kilka zrównoważonych materiałów opakowaniowych i praktyk, które producenci miodu mogą stosować, aby zminimalizować swój wpływ na środowisko. Jedną z popularnych opcji jest wykorzystanie szklanych słoików do pakowania miodu. Szkło jest materiałem w wysokim stopniu nadającym się do recyklingu i może być wielokrotnie wykorzystywane bez utraty jakości. Nadaje ono również produktom atrakcyjny i wysokiej jakości wygląd. Aby zwiększyć zrównoważony rozwój, rozważ użycie szkła z recyklingu do produkcji słoików i zachęcaj klientów do ich ponownego użycia lub recyklingu.

Innym zrównoważonym materiałem jest tektura, która może być używana do produkcji etykiet, pudełek i opakowań zewnętrznych. Tektura jest biodegradowalna i nadaje się do recyklingu, co czyni ją doskonałą alternatywą dla plastiku. Wybierając tekturę, szukaj opcji certyfikowanych przez organizacje takie jak Forest Stewardship Council (FSC), które zapewniają, że papier pochodzi z odpowiedzialnie zarządzanych lasów.

Biodegradowalne tworzywa sztuczne, wykonane z naturalnych materiałów, takich jak skrobia kukurydziana lub trzcina cukrowa, to kolejna zrównoważona opcja. Materiały te rozkładają się szybciej niż tradycyjne tworzywa sztuczne, zmniejszając ich wpływ na środowisko. Ważne jest jednak, aby upewnić się, że te biodegradowalne tworzywa sztuczne są prawidłowo kompostowane, aby osiągnąć pełne korzyści dla środowiska.

Oprócz wyboru zrównoważonych materiałów, kluczowe znaczenie ma wdrożenie przyjaznych dla środowiska praktyk pakowania. Obejmuje to zmniejszenie ogólnej ilości używanych opakowań, optymalizację projektu opakowania w celu zminimalizowania ilości odpadów i zapewnienie, że wszystkie elementy opakowania nadają się do recyklingu lub biodegradacji. Wdrożenie programu zwrotu lub recyklingu może również zachęcić klientów do zwrotu opakowań w celu ich ponownego wykorzystania lub właściwej utylizacji, co dodatkowo zmniejsza wpływ na środowisko.

Informowanie konsumentów o zrównoważonym rozwoju

Skuteczne informowanie o swoim zaangażowaniu w zrównoważony rozwój ma zasadnicze znaczenie dla maksymalizacji korzyści płynących z ekologicznych opakowań. Przejrzystość jest kluczowa; dostarczaj jasnych informacji na temat zrównoważonych materiałów i praktyk stosowanych w opakowaniach. Można to zrobić za pomocą etykiet, strony internetowej i materiałów marketingowych. Na przykład, dołącz informacje o możliwości recyklingu opakowania, korzyściach dla środowiska wynikających z użytych materiałów oraz wszelkich certyfikatach, które otrzymało opakowanie, takich jak FSC lub certyfikaty biodegradowalności.

Opowiadanie historii jest potężnym narzędziem do angażowania konsumentów i budowania więzi z marką. Podziel się historią swojego zaangażowania w zrównoważony rozwój, wyjaśniając, dlaczego zdecydowałeś się używać ekologicznych opakowań i w jaki sposób jest to zgodne z wartościami Twojej marki. Podkreśl wszelkie konkretne inicjatywy lub partnerstwa, które wspierają Twoje wysiłki na rzecz zrównoważonego rozwoju, takie jak współpraca z organizacjami ekologicznymi lub udział w programach recyklingu.

Elementy wizualne mogą również zwiększyć wysiłki komunikacyjne. Używaj rozpoznawalnych symboli i logo, takich jak symbol recyklingu lub logo certyfikacji FSC, aby szybko informować o zrównoważonym rozwoju opakowania. Upewnij się, że symbole te są wyraźnie widoczne na opakowaniach i materiałach marketingowych.

Współpracuj z klientami za pośrednictwem mediów społecznościowych i innych kanałów komunikacji, aby promować swoje wysiłki na rzecz zrównoważonego rozwoju. Zachęcaj ich do dzielenia się swoimi doświadczeniami z ekologicznymi opakowaniami i przekazywania opinii. Tworzenie społeczności wokół zaangażowania marki w zrównoważony rozwój może budować lojalność i zachęcać do marketingu szeptanego.

Wreszcie, warto rozważyć wdrożenie kampanii edukacyjnych w celu podniesienia świadomości na temat znaczenia zrównoważonych opakowań i tego, w jaki sposób konsumenci mogą dokonywać wyborów odpowiedzialnych środowiskowo. Dostarczanie wskazówek dotyczących recyklingu i ponownego wykorzystania opakowań może zachęcić klientów do przyczynienia się do realizacji celów zrównoważonego rozwoju i poczucia większej więzi z marką.

Przyjmując przyjazne dla środowiska materiały i praktyki opakowaniowe oraz skutecznie komunikując swoje zaangażowanie w zrównoważony rozwój, możesz poprawić reputację swojej marki, przyciągnąć świadomych ekologicznie konsumentów i przyczynić się do zdrowszej planety.

Część 4: Sprzedaż bezpośrednia a strategie hurtowe

Możliwości sprzedaży bezpośredniej

Zalety sprzedaży bezpośredniej konsumentom

Sprzedaż miodu bezpośrednio konsumentom ma wiele zalet dla pszczelarzy i małych producentów. Jedną z głównych korzyści jest wyższa marża zysku. Odcinając się od pośredników, takich jak hurtownicy i detaliści, można zatrzymać większą część wpływów. Jest to szczególnie korzystne dla małych producentów, którzy mogą zmagać się z niższymi cenami i wyższymi wymaganiami ilościowymi rynków hurtowych.

Sprzedaż bezpośrednia pozwala również budować bliższe relacje z klientami. Ta osobista interakcja może pomóc w budowaniu bazy lojalnych klientów, ponieważ ludzie doceniają możliwość poznania produktu bezpośrednio od producenta. Stanowi to platformę do opowiedzenia historii stojącej za miodem, w tym praktyk pszczelarskich, unikalnych cech produktu i zaangażowania w zrównoważony rozwój. Takie opowiadanie historii może stworzyć emocjonalną więź z klientami, zachęcając ich do lojalności i ponawiania zakupów.

Kolejną korzyścią jest możliwość uzyskania natychmiastowej informacji zwrotnej od klientów. Dzięki bezpośredniej interakcji na targach rolniczych, wydarzeniach społecznościowych lub platformach internetowych można z pierwszej ręki usłyszeć, co klienci lubią lub czego nie lubią w swoich produktach. Takie informacje zwrotne są nieocenione przy wprowadzaniu ulepszeń i dostosowywaniu oferty do preferencji konsumentów.

Rozstaw się na lokalnych targach rolniczych i wydarzeniach społecznościowych

Targi rolnicze i wydarzenia społecznościowe to doskonałe okazje do sprzedaży bezpośredniej. Miejsca te przyciągają klientów, którzy poszukują lokalnych, rzemieślniczych produktów. Ustawienie stoiska na targu rolnym pozwala zaprezentować swój miód docelowym odbiorcom, którzy cenią sobie jakość i lokalną produkcję.

Aby w pełni wykorzystać te możliwości, ważne jest stworzenie atrakcyjnego i przyjaznego stoiska. Użyj przyciągającego wzrok oznakowania i profesjonalnie wyglądających wyświetlaczy, aby przyciągnąć ludzi. Oferowanie próbek to świetny sposób na przyciągnięcie potencjalnych klientów i umożliwienie im spróbowania jakości miodu. Przygotuj się na pytania dotyczące praktyk pszczelarskich, różnych rodzajów oferowanego miodu i korzyści płynących z produktów.

Udział w wydarzeniach społecznościowych, takich jak festiwale żywności, targi i lokalne uroczystości, może również zwiększyć widoczność i zasięg. Wydarzenia te stanowią platformę do zaprezentowania miodu szerszemu gronu odbiorców, z których wielu może nie odwiedzać rynków rolnych. Zaangażowanie lokalnej społeczności pomaga budować rozpoznawalność marki i zaufanie, które są niezbędne do osiągnięcia długoterminowego sukcesu.

Budowanie bazy klientów poprzez sprzedaż bezpośrednią

Budowanie bazy lojalnych klientów sprzedaży bezpośredniej to coś więcej niż tylko sprzedaż; to budowanie relacji i dostarczanie niezapomnianych wrażeń klientom. Zacznij od zbierania informacji kontaktowych od swoich klientów na targach rolniczych i wydarzeniach. Można to zrobić za pomocą prostego arkusza rejestracyjnego lub oferując niewielką zachętę, taką jak zniżka na następny zakup, w zamian za adres e-mail.

Wykorzystaj te dane kontaktowe, aby pozostać w kontakcie z klientami poprzez regularną komunikację. Biuletyny e-mailowe to skuteczny sposób na dzielenie się wiadomościami na temat działalności pszczelarskiej, wprowadzanie nowych produktów, przedstawianie ofert specjalnych i udostępnianie treści edukacyjnych na temat korzyści płynących z miodu. Platformy mediów społecznościowych są również cennymi narzędziami do angażowania odbiorców, udostępniania treści zza kulis i budowania społeczności wokół marki.

Wyjątkowa obsługa klienta jest kluczem do budowania lojalności. Upewnij się, że każda interakcja z klientem, zarówno twarzą w twarz, jak i online, jest pozytywna i profesjonalna. Wszelkie problemy i skargi należy rozpatrywać szybko i uprzejmie. Oferowanie gwarancji satysfakcji może również pomóc w budowaniu zaufania do produktów.

Organizowanie wydarzeń, takich jak wycieczki po gospodarstwie, degustacje miodu lub warsztaty pszczelarskie, może jeszcze bardziej wzmocnić więź z klientami. Wydarzenia te zapewniają wyjątkowe doświadczenia, które wykraczają poza sam produkt, tworząc trwałe wspomnienia i głębsze powiązania z marką.

Podsumowując, sprzedaż bezpośrednia oferuje wiele korzyści, w tym wyższe marże zysku, bliższe relacje z klientami i cenne informacje zwrotne. Skutecznie działając na lokalnych targach rolniczych i imprezach społecznościowych oraz budując bazę lojalnych klientów dzięki wyjątkowej obsłudze i regularnej komunikacji, możesz stworzyć solidne podstawy dla swojego biznesu miodowego.

Dystrybucja hurtowa

Korzyści i wyzwania związane z dystrybucją hurtową

Dystrybucja hurtowa może oferować znaczące korzyści producentom miodu, szczególnie tym, którzy chcą rozszerzyć swój zasięg i zwiększyć wielkość sprzedaży. Jedną z głównych zalet sprzedaży hurtowej jest możliwość osiągnięcia znacznych wolumenów sprzedaży. Dzięki sprzedaży hurtowej detalistom, dystrybutorom lub dostawcom usług gastronomicznych, producenci mogą sprzedawać duże ilości miodu bardziej efektywnie niż w przypadku sprzedaży indywidualnej. Może to prowadzić do zwiększenia przychodów i bardziej stabilnych przepływów pieniężnych.

Sprzedaż hurtowa może również pomóc dotrzeć do szerszego grona odbiorców. Detaliści i dystrybutorzy dysponują ugruntowanymi bazami klientów i kanałami rynkowymi, umożliwiając sprzedaż miodu w sklepach, supermarketach, specjalistycznych sklepach spożywczych i platformach internetowych, do których indywidualna sprzedaż bezpośrednia może nie być w stanie dotrzeć. Ta rozszerzona obecność na rynku może znacznie zwiększyć świadomość marki i zaufanie konsumentów.

Dystrybucja hurtowa ma jednak swoje wyzwania. Kluczowym wyzwaniem są niższe marże w porównaniu do sprzedaży bezpośredniej. Hurtownicy oczekują, że będą kupować produkty po niższej cenie, aby odsprzedać je z zyskiem, więc producenci muszą zrównoważyć ceny, aby zachować rentowność, oferując jednocześnie konkurencyjne ceny. Ponadto transakcje hurtowe często obejmują większe, rzadsze zamówienia, co może stwarzać wyzwania w zakresie zarządzania przepływami pieniężnymi, jeśli nie zostaną one odpowiednio zaplanowane.

Kontrola jakości i spójność są również kluczowymi wyzwaniami. Detaliści i dystrybutorzy oczekują stałej jakości i niezawodnych dostaw. Wszelkie różnice w jakości produktów lub zakłócenia w dostawach mogą zaszkodzić relacjom i doprowadzić do utraty działalności. Producenci muszą inwestować w środki kontroli jakości i wydajne procesy produkcyjne, aby konsekwentnie spełniać te wymagania.

Budowanie relacji z detalistami i dystrybutorami

Budowanie silnych relacji z detalistami i dystrybutorami ma kluczowe znaczenie dla udanej dystrybucji hurtowej. Pierwszym krokiem jest zidentyfikowanie potencjalnych partnerów, którzy pasują do wartości marki i rynku docelowego. Zbadaj sprzedawców detalicznych i dystrybutorów, którzy specjalizują się w produktach naturalnych, organicznych lub lokalnych, ponieważ istnieje większe prawdopodobieństwo, że docenią oni wyjątkowe właściwości Twojego miodu.

Po zidentyfikowaniu potencjalnych partnerów przygotuj profesjonalną prezentację, która podkreśli zalety twojego miodu, w tym jego USP, jakość i wszelkie certyfikaty (takie jak ekologiczny lub sprawiedliwy handel).

Dołącz próbki swojego miodu i dobrze zaprojektowane materiały marketingowe, które prezentują historię i wartości marki. Osobisty akcent, taki jak odręczna notatka lub krótkie wprowadzenie na temat podróży pszczelarskiej, może przejść długą drogę.

Otwarta i przejrzysta komunikacja jest kluczem do budowania trwałych relacji.

Informuj swoich partnerów o dostępności produktów, zmianach w produkcji i nowych produktach. Reaguj na ich potrzeby i opinie oraz szybko i profesjonalnie rozwiązuj wszelkie problemy. Regularne wizyty kontrolne, czy to telefoniczne, e-mailowe, czy bezpośrednie spotkania, pomogą wzmocnić zaangażowanie w partnerstwo.

Niezbędne jest również zapewnienie doskonałej obsługi klienta.

Obejmuje to zapewnienie terminowych i niezawodnych dostaw, dostarczanie szczegółowych informacji o produktach i wspieranie działań marketingowych.

Współpraca w zakresie działań promocyjnych, takich jak degustacje w sklepach lub wspólne kampanie w mediach społecznościowych, może wzmocnić partnerstwo i napędzać wzajemny wzrost sprzedaży.

Tworzenie atrakcyjnych ofert hurtowych

Tworzenie atrakcyjnych ofert hurtowych obejmuje równoważenie konkurencyjnych cen z rentownością, przy jednoczesnym oferowaniu wartości dodanej w celu przyciągnięcia potencjalnych partnerów. Zacznij od określenia kosztów produkcji i pożądanych marż zysku, aby ustalić podstawową cenę hurtową. Zbadaj ceny konkurencji, aby upewnić się, że Twoje stawki są konkurencyjne na rynku.

Rabaty ilościowe są powszechną strategią w handlu hurtowym.

Oferuj rabaty w oparciu o wielkość zamówienia, aby zachęcić do większych zakupów. Na przykład, możesz zaoferować 5% zniżki przy zamówieniach powyżej 100 sztuk i 10% zniżki przy zamówieniach powyżej 500 sztuk. Zachęci to sprzedawców detalicznych i dystrybutorów do zakupów hurtowych, zwiększając wolumen sprzedaży.

Elastyczne warunki płatności mogą również zwiększyć atrakcyjność ofert hurtowych. Rozważ zaoferowanie warunków płatności netto 30 lub netto 60, które pozwalają partnerom zapłacić w ciągu 30 lub 60 dni od otrzymania produktu. Może to pomóc resellerom w zarządzaniu przepływami pieniężnymi i ułatwić im składanie większych zamówień.

Oprócz konkurencyjnych cen i elastycznych warunków, oferowanie wsparcia marketingowego może zwiększyć wartość transakcji hurtowych.

Zaoferuj materiały w punktach sprzedaży, takie jak stojaki, plakaty i broszury, aby pomóc sprzedawcom detalicznym promować swój miód. Dostarczanie wysokiej jakości zdjęć i opisów produktów do ofert online może również zwiększyć sprzedaż za pośrednictwem kanałów cyfrowych.

Rozważ oferowanie ekskluzywnych produktów lub limitowanych edycji swoim partnerom hurtowym. Unikalne oferty mogą wzbudzać emocje i napędzać sprzedaż, a ekskluzywność może sprawić, że sprzedawcy detaliczni poczują się docenieni i bardziej zaangażowani w promowanie marki.

Podsumowując, dystrybucja hurtowa oferuje potencjał zwiększenia wielkości sprzedaży i zasięgu rynkowego, ale wymaga starannego zarządzania cenami, jakością i relacjami. Budując silne partnerstwo z detalistami i dystrybutorami oraz tworząc atrakcyjne oferty hurtowe, producenci miodu mogą rozwijać swoją działalność i zwiększać świadomość marki.

Równoważenie sprzedaży bezpośredniej i hurtowej

Strategie zarządzania wieloma kanałami

Skuteczne zarządzanie wieloma kanałami sprzedaży wymaga strategicznego podejścia, aby sprzedaż bezpośrednia i hurtowa uzupełniały się, a nie konkurowały ze sobą. Pierwszym krokiem jest ustalenie jasnych celów i strategii dla każdego kanału. Sprzedaż bezpośrednia, w tym sklepy internetowe i targi rolne, jest zwykle bardziej spersonalizowana i może wiązać się z wyższymi cenami.

Z kolei sprzedaż hurtowa koncentruje się na wolumenie i szerszej dystrybucji, często przy niższych marżach.

Aby zrównoważyć te kanały, ważne jest, aby zintegrować je w ramach ujednoliconej strategii sprzedaży. Skorzystaj ze scentralizowanego systemu zarządzania zapasami, aby śledzić poziomy zapasów i upewnić się, że możesz sprostać wymaganiom zarówno klientów bezpośrednich, jak i hurtowych. Pomoże to uniknąć nadmiernego angażowania zapasów w jeden kanał kosztem drugiego. Korzystanie z technologii, takich jak platformy e-commerce ze zintegrowanym zarządzaniem zapasami i śledzeniem sprzedaży, może usprawnić ten proces.

Komunikacja jest kluczem do zarządzania wieloma kanałami sprzedaży. Utrzymuj otwarte linie komunikacji z partnerami hurtowymi, aby zrozumieć ich potrzeby i zapewnić terminowe dostawy.

W tym samym czasie angażuj się w kontakt z bezpośrednimi klientami za pośrednictwem biuletynów, mediów społecznościowych i kanałów obsługi klienta, aby budować lojalność i informować ich o nowych produktach i promocjach.

Inną skuteczną strategią jest segmentacja asortymentu. Zarezerwuj niektóre produkty lub style opakowań do sprzedaży bezpośredniej, a inne do sprzedaży hurtowej. Może to pomóc uniknąć konfliktów między kanałami i zapewnić unikalne propozycje wartości dla każdego z nich. Można na przykład sprzedawać ekskluzywne lub premium odmiany miodu bezpośrednio konsumentom, oferując jednocześnie bardziej standardowe odmiany za pośrednictwem partnerów hurtowych.

Strategie cenowe sprzedaży bezpośredniej i hurtowej

Strategie cenowe dla sprzedaży bezpośredniej i hurtowej muszą uwzględniać różne struktury kosztów i oczekiwania rynkowe każdego z kanałów. Sprzedaż bezpośrednia zazwyczaj pozwala na wyższe ceny ze względu na spersonalizowaną obsługę klienta i brak pośredników. Z kolei ceny hurtowe muszą uwzględniać marżę detalisty, jednocześnie zapewniając rentowność producentowi.

Aby opracować skuteczną strategię cenową, należy zacząć od obliczenia kosztów produkcji, w tym surowców, robocizny, opakowań i kosztów ogólnych.

Dodaj pożądaną marżę zysku, aby określić cenę bazową. W przypadku sprzedaży bezpośredniej należy wziąć pod uwagę dodatkowe czynniki, takie jak koszty marketingu i pozyskania klienta. Pomoże to ustalić cenę detaliczną, która pokryje wszystkie koszty i zapewni satysfakcjonujący zysk.

Ustalanie cen hurtowych zwykle wiąże się z oferowaniem rabatu od ceny detalicznej, aby pozostawić miejsce na marżę sprzedawcy detalicznego. Powszechnym podejściem jest oferowanie wielopoziomowych cen w oparciu o wielkość zamówienia, z większymi rabatami za większe ilości. Zachęca to do zakupów hurtowych i pomaga osiągnąć korzyści skali. Ważne jest, aby upewnić się, że ceny hurtowe nadal zapewniają rozsądną marżę po uwzględnieniu niższego przychodu na jednostkę.

Zachowaj przejrzystość swojej strategii cenowej i upewnij się, że odzwierciedla ona wartość Twojego produktu. Poinformuj swoich hurtowników o jakości i unikalnych cechach swojego miodu, aby uzasadnić swoje ceny. Spójność cen we wszystkich kanałach jest niezbędna, aby uniknąć podcinania cen partnerów hurtowych i podważania ich zaufania do marki.

Utrzymanie stałej jakości i dostaw

Utrzymanie stałej jakości i dostaw jest najważniejsze przy równoważeniu sprzedaży bezpośredniej i hurtowej. Kontrola jakości zaczyna się od procesu produkcji. Należy wdrożyć znormalizowane procedury ekstrakcji, przetwarzania i pakowania miodu, aby zapewnić spójność wszystkich partii. Regularne kontrole sprzętu i obiektów w celu utrzymania wysokich standardów higieny i działania.

Inwestowanie w środki kontroli jakości, takie jak testowanie partii i certyfikacja, może pomóc w zapewnieniu, że miód spełnia standardy regulacyjne i oczekiwania konsumentów. Na przykład certyfikaty ekologiczne lub sprawiedliwego handlu mogą zwiększyć wiarygodność i atrakcyjność produktów, czyniąc je bardziej atrakcyjnymi zarówno dla bezpośrednich konsumentów, jak i partnerów hurtowych.

Stałe dostawy wymagają starannego planowania i zarządzania zapasami. Wykorzystanie historycznych danych sprzedażowych i trendów rynkowych do prognozowania popytu zarówno dla kanałów bezpośrednich, jak i hurtowych. Utrzymywanie zapasów buforowych w celu uwzględnienia wahań popytu i potencjalnych zakłóceń w produkcji. Rozwijaj silne relacje z dostawcami, aby zapewnić stałe dostawy surowców i zmniejszyć ryzyko niedoborów.

Ponownie, komunikacja jest kluczowym czynnikiem w utrzymaniu spójności dostaw. Należy informować partnerów hurtowych o poziomach zapasów, terminach realizacji i potencjalnych opóźnieniach. Dostarczanie dokładnych i terminowych informacji pomoże zarządzać ich oczekiwaniami i utrzymać zaufanie. W przypadku sprzedaży bezpośredniej należy upewnić się, że sklep internetowy dokładnie odzwierciedla aktualne stany magazynowe, aby uniknąć nadmiernej sprzedaży.

Wdrażając te strategie, można skutecznie zarządzać wieloma kanałami sprzedaży, optymalizować ceny dla różnych rynków oraz utrzymywać stałą jakość i dostawy. Równoważąc sprzedaż bezpośrednią i hurtową, można rozszerzyć zasięg rynkowy i zbudować prężną, zdywersyfikowaną działalność.

Część 5: Marketing internetowy i handel elektroniczny dla pszczelarzy

Budowanie obecności w handlu elektronicznym

Zakładanie sklepu internetowego

Założenie sklepu internetowego jest kluczowym krokiem dla pszczelarzy, którzy chcą poszerzyć swój zasięg rynkowy i zwiększyć sprzedaż. Pierwszą decyzją jest wybór odpowiedniej platformy e-commerce. Popularne platformy, takie jak Shopify, WooCommerce i BigCommerce, oferują przyjazne dla użytkownika interfejsy, konfigurowalne szablony i szereg funkcji dostosowanych do różnych potrzeb biznesowych. Wybierając platformę, należy wziąć pod uwagę takie czynniki jak łatwość obsługi, skalowalność, opcje bramek płatności i integrację z innymi narzędziami, z których można korzystać, takimi jak zarządzanie zapasami i oprogramowanie księgowe.

Po wybraniu platformy następnym krokiem jest zaprojektowanie sklepu internetowego. Zacznij od czystego, profesjonalnego układu, który odzwierciedla tożsamość Twojej marki. Użyj wysokiej jakości zdjęć swoich produktów i upewnij się, że logo i kolory marki są wyraźnie widoczne. Projekt powinien być intuicyjny, ułatwiając klientom poruszanie się po ofercie produktów i znajdowanie potrzebnych informacji.

Strony produktów powinny być szczegółowe i bogate w informacje. Powinny zawierać zdjęcia w wysokiej rozdzielczości z różnych perspektyw, szczegółowe opisy produktów, ceny i informacje o wysyłce. Podkreśl unikalne punkty sprzedaży swojego miodu, takie jak certyfikacja ekologiczna, lokalne źródła lub specjalne odmiany kwiatów. Dodawanie opinii i ocen klientów może również budować zaufanie i wiarygodność.

Skonfigurowanie bezpiecznych i wygodnych opcji płatności jest niezbędne. Większość platform e-commerce obsługuje wiele bramek płatniczych, takich jak PayPal, Stripe i procesory kart kredytowych. Upewnij się, że proces płatności jest płynny i bezpieczny, z szyfrowaniem SSL w celu ochrony danych klientów. Oferowanie różnych opcji płatności może zaspokoić różne preferencje klientów i zwiększyć współczynniki konwersji.

Najlepsze praktyki dla witryn e-commerce

Wdrożenie najlepszych praktyk dla witryn e-commerce może poprawić wrażenia użytkowników, rankingi wyszukiwarek i sprzedaż. Jednym z krytycznych aspektów jest szybkość witryny. Szybko ładująca się witryna zmniejsza współczynnik odrzuceń i zwiększa zadowolenie użytkowników. Zoptymalizuj obrazy, skorzystaj z buforowania przeglądarki i użyj sieci dostarczania treści (CDN), aby poprawić czas ładowania.

Optymalizacja mobilna to kolejny krytyczny czynnik. Wraz z rosnącą liczbą konsumentów dokonujących zakupów na urządzeniach mobilnych, Twoja witryna musi być przyjazna dla urządzeń przenośnych. Upewnij się, że Twoja witryna jest responsywna, co oznacza, że płynnie dostosowuje się do różnych rozmiarów ekranu i urządzeń. Uprość nawigację, używaj większych czcionek i upewnij się, że przyciski i linki są łatwe do kliknięcia na mniejszych ekranach.

Optymalizacja pod kątem wyszukiwarek (SEO) jest niezbędna do kierowania ruchu organicznego do sklepu internetowego. Przeprowadź badania słów kluczowych, aby zidentyfikować terminy, których potencjalni klienci używają podczas wyszukiwania produktów z miodem. W naturalny sposób włącz te słowa kluczowe do opisów produktów, postów na blogu i metadanych. Wysokiej jakości treści, takie jak blogi o pszczelarstwie, przepisy z wykorzystaniem miodu i korzyści zdrowotne miodu, mogą również poprawić SEO i zaangażować odwiedzających.

Kolejnym ważnym obszarem jest projektowanie User Experience (UX). Uprość menu nawigacyjne, używaj jasnych i zwięzłych wezwań do działania (CTA) oraz upewnij się, że koszyk i proces płatności są proste. Zmniejszenie liczby kroków wymaganych do sfinalizowania zakupu może znacznie zmniejszyć liczbę porzuceń koszyka. Oferowanie funkcji, takich jak płatność przez gościa i wiele opcji wysyłki, może dodatkowo poprawić wrażenia z zakupów.

Korzystanie z internetowych platform handlowych

Oprócz sklepu internetowego, korzystanie z internetowych platform handlowych może zwiększyć zasięg i sprzedaż. Platformy takie jak Amazon, Etsy i eBay mają duże bazy klientów i ugruntowane zaufanie, co czyni je doskonałymi kanałami dotarcia do nowych klientów. Każdy rynek ma swój własny zestaw zasad, opłat i najlepszych praktyk, dlatego ważne jest, aby zapoznać się z nimi przed wystawieniem swoich produktów.

Amazon, na przykład, oferuje usługę Fulfilment by Amazon (FBA), w ramach której Amazon zajmuje się przechowywaniem, pakowaniem i wysyłką. Może to być wygodna opcja do zarządzania dużymi wolumenami sprzedaży, ale wiąże się z dodatkowymi opłatami. Etsy, znane z ręcznie robionych i rzemieślniczych produktów, jest doskonałą platformą do sprzedaży specjalnych lub unikalnych odmian miodu. eBay może być przydatny zarówno do sprzedaży niszowej, jak i masowej, oferując aukcje i opcje stałej ceny.

Wystawiając swoje produkty na internetowych platformach handlowych, upewnij się, że opisy i zdjęcia produktów są spójne z tymi na Twojej stronie internetowej. Pomaga to zachować spójność marki i zapewnia spójne wrażenia zakupowe klientom, którzy mogą napotkać Twoją markę na wielu platformach. Zoptymalizuj swoje oferty za pomocą odpowiednich słów kluczowych, aby poprawić widoczność w wynikach wyszukiwania na platformie handlowej.

Obsługa klienta ma kluczowe znaczenie przy sprzedaży na internetowych platformach handlowych. Odpowiadaj szybko na zapytania i opinie klientów oraz utrzymuj wysokie standardy jakości produktów i czasu dostawy. Pozytywne opinie i wysokie oceny mogą zwiększyć widoczność na tych platformach i przyciągnąć więcej klientów.

Podsumowując, budowanie obecności w handlu elektronicznym obejmuje utworzenie profesjonalnego sklepu internetowego, wdrożenie najlepszych praktyk w zakresie doświadczenia użytkownika i SEO oraz korzystanie z rynków internetowych w celu zwiększenia zasięgu. Optymalizując kanały sprzedaży online, można zwiększyć widoczność, przyciągnąć więcej klientów i napędzać wzrost sprzedaży dla swojej firmy.

Strategie marketingu cyfrowego

Znaczenie mediów społecznościowych dla firm z branży miodowej

Media społecznościowe są potężnym narzędziem dla firm zajmujących się miodem do nawiązywania kontaktów z klientami, budowania świadomości marki i zwiększania sprzedaży. Platformy takie jak Facebook, Instagram, Twitter i Pinterest oferują wyjątkowe możliwości prezentacji produktów, dzielenia się historią marki i angażowania globalnej publiczności. Media społecznościowe umożliwiają interakcję z klientami w czasie rzeczywistym, pozwalając odpowiadać na zapytania, udostępniać aktualizacje i otrzymywać opinie. Ta bezpośrednia komunikacja pomaga budować lojalną społeczność wokół marki i zwiększa zaufanie klientów.

Jedną z kluczowych zalet marketingu w mediach społecznościowych jest jego opłacalność. Konfiguracja profili biznesowych na większości platform społecznościowych jest bezpłatna, a nawet płatne opcje reklamowe są stosunkowo niedrogie w porównaniu z tradycyjnymi kanałami marketingowymi. Media społecznościowe oferują również cenne informacje dzięki narzędziom analitycznym, które umożliwiają śledzenie zaangażowania, mierzenie wydajności kampanii i lepsze zrozumienie odbiorców. Te spostrzeżenia mogą pomóc w opracowaniu ogólnej strategii marketingowej i podejmowaniu decyzji opartych na danych.

Media społecznościowe zwiększają również zasięg i widoczność. Udostępniając wysokiej jakości treści, angażując się w odpowiednie rozmowy i używając ukierunkowanych hashtagów, możesz zwiększyć ekspozycję swojej marki i przyciągnąć nowych obserwujących. Współpraca z influencerami i innymi markami może również zwiększyć zasięg i przedstawić produkty miodowe nowym odbiorcom. Ostatecznie, solidna obecność w mediach społecznościowych może zwiększyć ruch w witrynie e-commerce, zwiększyć sprzedaż i wzmocnić reputację marki w Internecie.

Tworzenie angażujących treści na platformy społecznościowe

Tworzenie angażujących treści jest kluczem do przyciągnięcia uwagi odbiorców i zachęcenia ich do interakcji w mediach społecznościowych. Wysokiej jakości zdjęcia są niezbędne do zaprezentowania produktów z miodem. Użyj profesjonalnej fotografii, aby podkreślić teksturę, kolor i opakowanie miodu. Filmy wideo mogą być również bardzo skuteczne, niezależnie od tego, czy są to krótkie klipy demonstrujące sposób zbierania miodu, zakulisowe spojrzenia na proces pszczelarski, czy przepisy kulinarne z wykorzystaniem miodu.

Opowiadanie historii to potężne narzędzie mediów społecznościowych. Podziel się historiami o swojej podróży pszczelarskiej, wyzwaniach i radościach związanych z produkcją miodu oraz wpływie zrównoważonych praktyk na środowisko. Podkreślanie wyjątkowych aspektów miodu, takich jak specyficzne źródła kwiatów i dbałość o produkcję, może stworzyć głębszą więź z odbiorcami. Opinie klientów i treści generowane przez użytkowników, takie jak zdjęcia i filmy udostępniane przez zadowolonych klientów, mogą być również bardzo angażujące i dodawać autentyczności Twojej marce.

Interaktywne treści mogą dodatkowo zwiększyć zaangażowanie. Ankiety, quizy i konkursy zachęcają obserwujących do interakcji z postami i udostępniania ich w swoich sieciach. Na przykład konkurs fotograficzny, w którym klienci dzielą się swoimi ulubionymi sposobami korzystania z miodu, może generować emocje i widoczność. Transmisje na żywo i sesje pytań i odpowiedzi to kolejny sposób na bezpośrednie zaangażowanie odbiorców, odpowiadanie na ich pytania i dostarczanie cennych informacji na temat praktyk pszczelarskich i korzyści płynących z produktu.

Kampanie e-mail marketingowe i reklamy online

Marketing e-mailowy pozostaje wysoce skuteczną strategią marketingu cyfrowego. Budowanie listy mailingowej pozwala komunikować się bezpośrednio z klientami, którzy wyrazili zainteresowanie Twoimi produktami. Regularne newslettery mogą informować odbiorców o nowych produktach, ofertach specjalnych i nowościach w firmie. Spersonalizowane wiadomości e-mail, takie jak zniżki urodzinowe lub dostosowane rekomendacje produktów w oparciu o poprzednie zakupy, mogą zwiększyć lojalność klientów i zwiększyć powtarzalność sprzedaży.

Aby stworzyć skuteczną kampanię e-mail marketingową, należy skupić się na tworzeniu atrakcyjnych tematów, które zachęcą odbiorców do otwarcia wiadomości. Treść powinna być angażująca i zapewniać wartość, niezależnie od tego, czy są to informacje edukacyjne na temat korzyści płynących z miodu, ekskluzywne rabaty czy zabawne historie z działalności pszczelarskiej. Dołącz wyraźne wezwania do działania (CTA), które kierują odbiorców do dokonania zakupu lub odwiedzenia Twojej witryny. Korzystanie z platformy e-mail marketingu, takiej jak Mailchimp lub Constant Contact, może pomóc w zarządzaniu kampaniami, segmentowaniu odbiorców i śledzeniu wyników.

Reklamy online, w tym kampanie PPC i reklamy w mediach społecznościowych, mogą znacznie zwiększyć widoczność marki i przyciągnąć nowych klientów. Google Ads pozwala kierować reklamy na określone słowa kluczowe związane z produktami miodowymi, zapewniając wyświetlanie reklam, gdy potencjalni klienci wyszukują odpowiednie terminy. Platformy mediów społecznościowych, takie jak Facebook i Instagram, oferują zaawansowane opcje kierowania, umożliwiając dotarcie do użytkowników na podstawie ich danych demograficznych, zainteresowań i zachowań.

Tworząc reklamy online, używaj przyciągających wzrok wizualizacji i atrakcyjnych tekstów, które podkreślają unikalne punkty sprzedaży Twojego miodu. Testowanie A/B różnych wariantów reklam może pomóc w określeniu, które komunikaty najlepiej trafiają do odbiorców. Kampanie retargetingowe, które wyświetlają reklamy użytkownikom, którzy wcześniej odwiedzili Twoją witrynę, mogą przypomnieć potencjalnym klientom o Twoich produktach i zachęcić ich do sfinalizowania zakupu.

Podsumowując, strategie marketingu cyfrowego, takie jak korzystanie z mediów społecznościowych, tworzenie angażujących treści, prowadzenie kampanii e-mail marketingowych i wykorzystywanie reklam online, mają kluczowe znaczenie dla budowania świadomości marki i zwiększania sprzedaży w branży miodowej. Skuteczne wdrożenie tych strategii pozwala dotrzeć do szerszego grona odbiorców, zbudować lojalność klientów i osiągnąć zrównoważony wzrost.

Optymalizacja pod kątem wyszukiwarek (SEO)

Podstawy SEO dla Twojego biznesu związanego z miodem

Optymalizacja pod kątem wyszukiwarek internetowych (SEO) to kluczowy aspekt marketingu cyfrowego, który pomaga poprawić widoczność firmy w Internecie. Głównym celem SEO jest zwiększenie rankingu witryny na stronach wyników wyszukiwania (SERP) dla odpowiednich słów kluczowych, ułatwiając potencjalnym klientom znalezienie Cię. SEO obejmuje połączenie strategii na stronie i poza nią w celu zwiększenia trafności i autorytetu witryny w oczach wyszukiwarek takich jak Google.

SEO na stronie skupia się na optymalizacji elementów witryny. Obejmuje to użycie odpowiednich słów kluczowych w treści, poprawę szybkości witryny i zapewnienie, że witryna jest przyjazna dla urządzeń mobilnych. Zacznij od przeprowadzenia badania słów kluczowych, aby zidentyfikować terminy używane przez potencjalnych klientów podczas wyszukiwania produktów miodowych. Narzędzia takie jak Google Keyword Planner, Ahrefs i SEMrush mogą pomóc w znalezieniu tych słów kluczowych. W naturalny sposób włącz te słowa kluczowe do treści witryny, w tym opisów produktów, postów na blogu i metatagów.

SEO poza stroną obejmuje działania poza witryną, które zwiększają jej autorytet, takie jak pozyskiwanie linków zwrotnych z renomowanych witryn. Wysokiej jakości linki zwrotne sygnalizują wyszukiwarkom, że witryna jest wiarygodnym źródłem informacji. Zaangażuj się w blogowanie gościnne, współpracę z influencerami i partnerstwa z powiązanymi witrynami, aby zbudować swój profil linków zwrotnych.

Optymalizacja list produktów i zawartości witryny

Optymalizacja list produktów i treści witryny jest niezbędna do poprawy pozycji w wyszukiwarkach i przyciągnięcia ruchu organicznego. Zacznij od upewnienia się, że każda lista produktów zawiera szczegółowy, bogaty w słowa kluczowe opis. Podkreśl unikalne cechy swojego miodu, takie jak jego źródło roślinne, korzyści zdrowotne i wszelkie posiadane certyfikaty. Używaj wysokiej jakości obrazów i dołączaj tekst alternatywny z odpowiednimi słowami kluczowymi, aby poprawić widoczność obrazów w wyszukiwarkach.

Twórz treści informacyjne i angażujące, które odpowiadają zainteresowaniom i potrzebom docelowych odbiorców.

Wpisy na blogu o zaletach miodu, przepisy kulinarne i porady pszczelarskie mogą przyciągnąć odwiedzających i zachęcić ich do spędzenia większej ilości czasu na Twojej stronie. Nie tylko poprawia to SEO, ale także pomaga ugruntować markę jako autorytet w branży miodowej. Upewnij się, że Twoje treści są dobrze ustrukturyzowane, z nagłówkami, podtytułami i wypunktowaniami w stosownych przypadkach, aby poprawić czytelność.

Techniczne elementy SEO, takie jak szybkość strony, optymalizacja mobilna i bezpieczne połączenia (HTTPS) również odgrywają kluczową rolę w rankingach. Skorzystaj z narzędzi takich jak Google PageSpeed Insights, aby ocenić i poprawić czas ładowania witryny. Upewnij się, że Twoja witryna jest w pełni responsywna, zapewniając płynną obsługę zarówno na komputerach stacjonarnych, jak i urządzeniach mobilnych. Certyfikat SSL jest niezbędny do zabezpieczenia witryny i poprawy pozycji w wyszukiwarkach, ponieważ Google preferuje bezpieczne witryny.

Korzystanie z analiz w celu poprawy wyników SEO

Korzystanie z narzędzi analitycznych do monitorowania i poprawy wyników SEO jest niezbędne do osiągnięcia sukcesu. Google Analytics i Google Search Console to potężne narzędzia, które zapewniają wgląd w to, jak działa Twoja witryna i gdzie można wprowadzić ulepszenia. Google Analytics pomaga śledzić wskaźniki, takie jak ruch na stronie, współczynnik odrzuceń i zachowanie użytkowników. Możesz zobaczyć, które strony są najpopularniejsze, jak ludzie znajdują Twoją witrynę i jakich słów kluczowych używają.

Google Search Console zapewnia dodatkowy wgląd w wyniki wyszukiwania witryny, w tym dane dotyczące zapytań, współczynników klikalności (CTR) i problemów z indeksowaniem. Narzędzie to pozwala monitorować i rozwiązywać problemy techniczne, które mogą mieć wpływ na SEO, takie jak błędy indeksowania lub niedziałające linki.

Regularne przeglądanie tych analiz może pomóc w identyfikacji trendów i odpowiednim dostosowaniu strategii SEO. Na przykład, jeśli zauważysz, że niektóre słowa kluczowe generują znaczny ruch, ale mają wysoki współczynnik odrzuceń, być może będziesz musiał poprawić trafność i jakość treści na tych stronach. I odwrotnie, jeśli niektóre słowa kluczowe mają niskie rankingi, ale wysokie współczynniki konwersji, skupienie większego wysiłku na tych terminach może przynieść lepsze wyniki.

Powinieneś także mieć oko na wyniki SEO swoich konkurentów. Narzędzia takie jak Ahrefs i SEMrush mogą zapewnić wgląd w ich strategie słów kluczowych, profile linków zwrotnych i ogólne działania SEO. Analiza tych danych może pomóc zidentyfikować luki we własnej strategii i odkryć nowe możliwości poprawy.

Podsumowując, opanowanie podstaw SEO, optymalizacja list produktów i treści witryny oraz wykorzystanie analityki do monitorowania i udoskonalania swoich wysiłków to podstawowe kroki w budowaniu silnej obecności w Internecie dla firmy zajmującej się miodem. Ciągłe ulepszanie strategii SEO pozwala zwiększyć widoczność witryny, przyciągnąć więcej ruchu organicznego i ostatecznie zwiększyć sprzedaż.

Część 6: Uczestnictwo w targach i jarmarkach rolniczych

Korzyści z udziału w targach

Korzyści ze sprzedaży na targowiskach i targach rolniczych

Sprzedaż miodu na targach i jarmarkach ma wiele zalet dla pszczelarzy i drobnych producentów. Jedną z głównych korzyści jest bezpośrednia interakcja z klientami. Interakcja twarzą w twarz pozwala edukować konsumentów na temat miodu, dzielić się historią pszczelarstwa i odpowiadać na wszelkie pytania. Taka osobista interakcja może znacznie zwiększyć zaufanie i lojalność klientów, ponieważ kupujący doceniają znajomość historii stojącej za ich zakupem i kontakt z osobą, która produkuje żywność, którą spożywają.

Kolejną istotną korzyścią jest możliwość otrzymywania natychmiastowych informacji zwrotnych od klientów. Opinie te mogą być nieocenione w udoskonalaniu produktów i strategii marketingowych. Na przykład, możesz dowiedzieć się, że klienci preferują określone smaki lub rodzaje opakowań, co może być wskazówką dla przyszłego rozwoju produktu. Pozytywne opinie i referencje mogą być również wykorzystywane w materiałach marketingowych w celu budowania wiarygodności i przyciągania nowych klientów.

Rynki rolne i targi również stanowią doskonałą platformę do budowania świadomości marki. Wydarzenia te zazwyczaj przyciągają zróżnicowaną publiczność, w tym lokalnych mieszkańców, turystów i entuzjastów żywności, zapewniając szeroką ekspozycję produktów miodowych. Regularne uczestnictwo w lokalnych targach pomaga ugruntować markę w społeczności i tworzy bazę lojalnych klientów, którzy z niecierpliwością czekają na stoisko na każdym wydarzeniu.

Sprzedaż na targach i jarmarkach może być również opłacalna. Koszty ogólne są generalnie niższe niż w przypadku utrzymywania fizycznego sklepu, a zwrot z inwestycji może być wysoki ze względu na model sprzedaży bezpośredniej. Ponadto wydarzenia te często mają wbudowaną bazę klientów, co zmniejsza potrzebę szeroko zakrojonych działań marketingowych w celu zwiększenia ruchu pieszego.

Budowanie relacji ze społecznością i lojalności wobec marki

Udział w targach i jarmarkach rolniczych sprzyja budowaniu silnych relacji społecznych, które są niezbędne dla długoterminowego sukcesu biznesowego. Angażując się w kontakty z lokalnymi konsumentami, stajesz się znaną i zaufaną osobą w społeczności. Ta znajomość zachęca do powtarzania transakcji i poleceń, ponieważ zadowoleni klienci prawdopodobnie polecą Twój miód znajomym i rodzinie.

Angażowanie się w wydarzenia społeczne może również poprawić reputację marki. Wspieranie lokalnych inicjatyw, współpraca z innymi lokalnymi dostawcami i udział w działaniach ukierunkowanych na społeczność świadczy o zaangażowaniu w dobro społeczności. Zaangażowanie to może być kluczowym wyróżnikiem marki, zwłaszcza że konsumenci coraz bardziej cenią firmy, które wnoszą pozytywny wkład w ich lokalną społeczność.

Budowanie lojalności wobec marki idzie w parze z zaangażowaniem społecznym. Oferowanie próbek na stoisku pozwala potencjalnym klientom spróbować miodu i doświadczyć jego jakości z pierwszej ręki. Po zapoznaniu się z produktem i historią, jest bardziej prawdopodobne, że zostaną stałymi klientami. Możesz dalej budować lojalność, oferując zachęty, takie jak rabaty za powtarzające się zakupy, karty lojalnościowe lub specjalne promocje dla klientów rynku.

Zbieranie danych kontaktowych klientów, takich jak adresy e-mail, pozwala również na utrzymanie relacji poza targiem. Regularne wysyłanie biuletynów z aktualizacjami, ofertami specjalnymi i harmonogramami wydarzeń utrzymuje markę na pierwszym miejscu i zachęca do dalszego zaangażowania. Podkreślanie historii i opinii klientów w tych komunikatach może również budować poczucie wspólnoty i lojalności.

Podsumowując, sprzedaż na targach i jarmarkach oferuje wiele korzyści, w tym bezpośrednią interakcję z klientami, cenne informacje zwrotne, zwiększoną świadomość marki i opłacalne możliwości sprzedaży. Budowanie silnych relacji ze społecznością i lojalności wobec marki dzięki tym wydarzeniom może znacznie zwiększyć sukces i zrównoważony rozwój Twojej działalności związanej z miodem.

Przygotowanie do targów rolniczych

Wybór odpowiednich targów i wydarzeń

Wybór odpowiednich targów rolniczych i wydarzeń społecznościowych do sprzedaży miodu ma kluczowe znaczenie dla maksymalizacji sprzedaży i ekspozycji marki. Zacznij od zbadania rynków w Twojej okolicy, aby zidentyfikować te, które przyciągają docelowych odbiorców. Poszukaj rynków, które kładą nacisk na produkty lokalne, organiczne i rzemieślnicze, ponieważ przyciągają one klientów zainteresowanych naturalną żywnością wysokiej jakości.

Weź pod uwagę wielkość i reputację targu. Większe targi o ugruntowanej reputacji mogą przyciągać więcej odwiedzających, ale mogą też wiązać się z wyższymi opłatami za stoisko i większą konkurencją. Mniejsze, lokalne targi mogą oferować bardziej kameralne otoczenie i mogą być bardziej opłacalne. Odwiedź kilka rynków jako gość, aby obserwować liczbę odwiedzających, rodzaje sprzedawców i ogólną atmosferę. To doświadczenie z pierwszej ręki może dostarczyć cennych informacji na temat tego, czy dany rynek jest odpowiedni dla Twoich produktów.

Oceń aspekty logistyczne, takie jak lokalizacja, godziny pracy i wymagania dotyczące sprzedawców. Upewnij się, że harmonogram targu odpowiada Twojej dostępności i że lokalizacja jest dogodna zarówno dla Ciebie, jak i Twoich potencjalnych klientów. Zapoznaj się z procesem składania wniosków i wymaganiami, takimi jak niezbędne zezwolenia, ubezpieczenie i wszelkie szczegółowe przepisy dotyczące sprzedaży żywności.

Tworzenie atrakcyjnego i skutecznego stoiska

Stworzenie atrakcyjnego i skutecznego stoiska jest kluczem do przyciągnięcia klientów i zwiększenia sprzedaży. Zacznij od dobrze zaprojektowanego i profesjonalnie wyglądającego stoiska. Użyj solidnego stołu i zadaszenia, aby chronić się przed warunkami atmosferycznymi. Zainwestuj w wysokiej jakości obrus, który uzupełni kolory Twojej marki i zapewni, że Twoja ekspozycja będzie wyglądać schludnie i zachęcająco.

Stoisko powinno zawierać nazwę i logo marki w widocznym miejscu. Użyj wyraźnego, przyciągającego wzrok oznakowania, aby zaprezentować swoje produkty miodowe i ich unikalne punkty sprzedaży. Rozważ użycie banerów, plakatów i tablic kredowych, aby podkreślić kluczowe informacje, takie jak rodzaje sprzedawanego miodu, ceny i wszelkie oferty specjalne.

Rozmieść swoje produkty w atrakcyjny sposób. Użyj różnych poziomów i rekwizytów, aby stworzyć wizualne zainteresowanie i ułatwić klientom przeglądanie. Upewnij się, że słoiki z miodem są czyste i dobrze oznakowane, a ceny wyraźnie widoczne. Dostarczanie próbek jest skutecznym sposobem na przyciągnięcie klientów i umożliwienie im spróbowania jakości miodu. Używaj małych łyżeczek lub jednorazowych patyczków do degustacji i utrzymuj obszar degustacji w czystości i porządku.

Dołącz elementy, które opowiadają historię Twojej marki. Zdjęcia procesu pszczelarskiego, ulotki o zaletach miodu i opisy praktyk zrównoważonego rozwoju mogą zaangażować klientów i dodać głębi ich zakupom. Pamiętaj, aby mieć dostępne wizytówki lub broszury, które klienci mogą zabrać ze sobą.

Współpraca z klientami i maksymalizacja sprzedaży

Angażowanie klientów ma kluczowe znaczenie dla budowania relacji i maksymalizacji sprzedaży. Pozdrawiaj odwiedzających ciepło, gdy zbliżają się do Twojego stoiska i bądź przygotowany na odpowiadanie na pytania dotyczące Twojego miodu i pszczelarstwa. Entuzjazm i wiedza na temat produktów mogą mieć znaczący wpływ na decyzje zakupowe klientów.

Zachęcaj do degustacji, oferując bezpłatne degustacje. Zaangażuj klientów, wyjaśniając unikalne cechy każdego rodzaju miodu i sugerując sposoby jego wykorzystania. Można na przykład zasugerować połączenie określonego rodzaju miodu z serem lub użycie go w konkretnym przepisie. Taka spersonalizowana interakcja może poprawić doświadczenie klienta i zwiększyć prawdopodobieństwo zakupu.

Wykorzystaj aktywne słuchanie, aby zrozumieć preferencje i potrzeby klientów. Zadawaj pytania o to, jak używają miodu i czego szukają w produkcie. Pomoże to nie tylko dostosować ofertę sprzedaży, ale także pokaże, że cenisz ich wkład i jesteś zaangażowany w zaspokajanie ich potrzeb.

Oferuj promocje i zachęty do sprzedaży. Zniżki na wiele zakupów, karty lojalnościowe lub oferty specjalne dla klientów rynkowych mogą zwiększyć sprzedaż i zachęcić do ponownej współpracy. Zbieraj dane kontaktowe klientów, takie jak adresy e-mail, aby pozostać z nimi w kontakcie i informować ich o przyszłych rynkach, nowych produktach i ofertach specjalnych.

Wreszcie, zapewnij płynne transakcje, przygotowując niezbędne narzędzia. Miej wystarczającą ilość drobnych na transakcje gotówkowe i oferuj opcje płatności mobilnych, takie jak Square lub PayPal, aby pomieścić klientów, którzy wolą korzystać z kart kredytowych lub debetowych.

Podsumowując, wybór odpowiednich rynków, ustawienie atrakcyjnego stoiska i skuteczne angażowanie klientów to podstawowe kroki do sukcesu na targach i jarmarkach. Tworząc przyjazne i pouczające doświadczenie zakupowe, możesz budować relacje z klientami, zwiększać sprzedaż i wzmacniać obecność swojej marki w społeczności.

Działania po wprowadzeniu produktu na rynek

Kontakt z klientami

Działania, które następują po rynku lub targach rolniczych są tak samo ważne, jak samo przygotowanie i uczestnictwo. Nawiązywanie kontaktów z klientami pomaga w utrzymaniu więzi nawiązanych podczas targów i zachęca do ponownych zakupów. Pierwszym krokiem jest zebranie danych kontaktowych klientów podczas targów. Możesz zbierać adresy e-mail za pomocą arkusza rejestracyjnego i zaoferować zachętę, taką jak niewielka zniżka na następny zakup lub udział w losowaniu nagród.

Gdy masz już listę kontaktów, dobrą praktyką jest wysłanie wiadomości e-mail w ciągu kilku dni po targach. Podziękuj klientom za odwiedzenie Twojego stoiska i krótko podsumuj wydarzenie. Dołącz informacje o produktach, którymi byli zainteresowani i zaoferuj specjalny kod rabatowy na następny zakup. Jeśli posiadasz sklep internetowy, dołącz bezpośrednie linki do swoich produktów, aby ułatwić im zakup.

W swojej komunikacji zachęcaj klientów do śledzenia Twoich kont w mediach społecznościowych, aby otrzymywać aktualizacje dotyczące nowych produktów, nadchodzących rynków i specjalnych promocji. Współpraca z nimi w mediach społecznościowych może sprawić, że Twoja marka będzie na pierwszym miejscu i zbuduje społeczność wokół Twoich produktów z miodem. Regularne publikowanie treści, takich jak zakulisowe spojrzenia na proces pszczelarski, przepisy z wykorzystaniem miodu i referencje od zadowolonych klientów, może pomóc w zwiększeniu tego zaangażowania.

Zbieraj opinie i ulepszaj swoje podejście

Zbieranie informacji zwrotnych od klientów po wprowadzeniu produktu na rynek jest niezbędne do ciągłego doskonalenia. Bezpośrednie informacje zwrotne zapewniają wgląd w to, co działało dobrze, a co można poprawić. Można to zrobić za pomocą kolejnych wiadomości e-mail, interakcji w mediach społecznościowych lub ankiet online. Zapytaj klientów, co im się podobało w Twoich produktach, co ich zdaniem można poprawić i jakie inne produkty chcieliby zobaczyć w przyszłości.

Analiza tych opinii może pomóc w podejmowaniu świadomych decyzji dotyczących asortymentu produktów, opakowań, cen i obsługi klienta. Na przykład, jeśli kilku klientów wspomina, że chcieliby zobaczyć większą różnorodność smaków miodu, warto rozważyć eksperymentowanie z nowymi naparami lub miodami pojedynczego pochodzenia. Jeśli informacje zwrotne wskazują, że układ stoiska był trudny w nawigacji, rozważ sposoby na uczynienie ekspozycji bardziej zachęcającą i dostępną.

Wykorzystanie opinii klientów do ulepszenia swojego podejścia nie tylko poprawia ofertę, ale także pokazuje klientom, że cenisz ich opinie i jesteś zaangażowany w dostarczanie najlepszych możliwych produktów i usług. Taka reakcja może budować silniejszą lojalność klientów i zwiększać liczbę poleceń ustnych.

Opieranie się na sukcesie na targach

Budowanie sukcesu na targach rolniczych oznacza wykorzystywanie zdobytych relacji i doświadczenia do rozwijania swojej działalności. Jednym ze sposobów na to jest zwiększenie swojej obecności na większej liczbie targów i wydarzeń. Zbadaj inne lokalne rynki i targi, które przyciągają odbiorców docelowych i rozważ udział w nich. Każdy nowy rynek to szansa na dotarcie do nowych klientów i zwiększenie świadomości marki.

Inną strategią jest pogłębienie relacji z obecnymi klientami. Wykorzystaj zebrane dane kontaktowe do stworzenia programu lojalnościowego. Oferuj nagrody, takie jak zniżki, dostęp do ekskluzywnych produktów lub specjalne upominki za ponowne zakupy. Program lojalnościowy może zachęcić klientów do powrotu na stoisko i dokonania dodatkowych zakupów.

Współpraca z innymi sprzedawcami może również przyczynić się do sukcesu na rynku. Partnerstwo z uzupełniającymi się firmami, takimi jak lokalni piekarze lub producenci serów rzemieślniczych, w celu stworzenia produktów w pakiecie lub wzajemnych promocji. Taka współpraca może wprowadzić miód do nowych segmentów klientów i zapewnić dodatkowe możliwości marketingowe.

Dokumentuj i udostępniaj swoje doświadczenia rynkowe za pośrednictwem postów na blogu, aktualizacji w mediach społecznościowych i biuletynów. Podkreślaj udane wydarzenia, historie klientów i wszelkie relacje medialne, które otrzymujesz. Nie tylko utrzyma to zaangażowanie odbiorców, ale także zbuduje wiarygodność i atrakcyjność marki.

Wreszcie, stale udoskonalaj swoje strategie marketingowe i sprzedażowe w oparciu o doświadczenie rynkowe. Śledź, które produkty sprzedają się najlepiej, które taktyki promocyjne są najskuteczniejsze i jak różne rynki porównują się pod względem sprzedaży i zaangażowania klientów. Wykorzystaj te dane, aby zoptymalizować swoje podejście i podejmować strategiczne decyzje dotyczące przyszłego udziału w rynku i rozwoju produktów.

Wreszcie, działania po uruchomieniu, takie jak kontakt z klientami, zbieranie informacji zwrotnych i budowanie na sukcesie, są niezbędne do utrzymania i rozwoju działalności związanej z miodem. Utrzymując silne relacje z klientami i stale ulepszając swoje podejście, można zmaksymalizować korzyści płynące z uczestnictwa w targach i jarmarkach, co prowadzi do zwiększenia sprzedaży i lojalności wobec marki.

Podsumowanie

Podsumowanie kluczowych punktów

W niniejszym przewodniku przeanalizowano kompleksowe strategie i praktyki wymagane do skutecznego marketingu i sprzedaży miodu. Zaczęliśmy od zrozumienia trendów na rynku miodu, identyfikacji rynków docelowych i analizy konkurencji, które są niezbędne do pozycjonowania produktów miodowych na rynku. Opracowanie unikalnej tożsamości marki, w tym stworzenie atrakcyjnej historii marki, zaprojektowanie elementów marki i utrzymanie spójności, pomaga ugruntować silną obecność i nawiązać kontakt z konsumentami.

Przyjrzeliśmy się praktycznym aspektom pakowania i etykietowania, podkreślając znaczenie opakowań przyjaznych dla środowiska oraz zgodności z lokalnymi i międzynarodowymi przepisami dotyczącymi etykietowania. Przeanalizowano strategie sprzedaży bezpośredniej i hurtowej, podkreślając korzyści i wyzwania każdej z nich, a także wskazówki dotyczące budowania relacji z detalistami i tworzenia atrakcyjnych ofert hurtowych.

Sekcja poświęcona marketingowi online dostarczyła informacji na temat budowania obecności w handlu elektronicznym, korzystania ze strategii marketingu cyfrowego i optymalizacji SEO w celu zwiększenia widoczności. Uczestnictwo w targach i jarmarkach zostało szczegółowo omówione, obejmując korzyści, przygotowanie i działania po wprowadzeniu na rynek w celu zmaksymalizowania sukcesu. Każdy rozdział zawiera praktyczne kroki i najlepsze praktyki w celu zwiększenia wysiłków marketingowych i rozwoju działalności związanej z miodem.

Zachęta i motywacja dla czytelników

Rozpoczęcie przygody z marketingiem i sprzedażą miodu może być zarówno trudne, jak i satysfakcjonujące. Poruszając się po różnych strategiach i praktykach, należy pamiętać, że budowanie udanego biznesu miodowego wymaga czasu, poświęcenia i ciągłego uczenia się. Wysiłek włożony w zrozumienie rynku, rozwój silnej marki i zaangażowanie klientów opłaci się w postaci lojalnych klientów i zrównoważonego wzrostu.

Zachowaj motywację, świętując swoje sukcesy, bez względu na to, jak małe, i wyciągaj wnioski z wszelkich niepowodzeń. Przemysł miodowy tętni życiem i jest pełen możliwości dla tych, którzy pasjonują się swoim rzemiosłem. Zaangażowanie w jakość, zrównoważony rozwój i zadowolenie klientów wyróżni cię i utoruje drogę do długoterminowego sukcesu.

Końcowe wskazówki dotyczące trwałego sukcesu w marketingu i sprzedaży miodu

- Bądź na bieżąco: Bądź na bieżąco z trendami rynkowymi, preferencjami konsumentów i zmianami regulacyjnymi. Wiedza ta pomoże ci dostosować się i wyprzedzić konkurencję.
- Zaangażuj swoją społeczność: Budowanie silnych relacji w społeczności i z klientami buduje lojalność i zaufanie. Bierz udział w lokalnych wydarzeniach, wspieraj inicjatywy społeczne i zawsze stawiaj na pierwszym miejscu zadowolenie klientów.
- Wykorzystywanie technologii: Wykorzystaj narzędzia cyfrowe do marketingu, sprzedaży i angażowania klientów. Skuteczna obecność online może znacznie zwiększyć zasięg i sprzedaż.
- Nieustannie wprowadzaj innowacje: Eksperymentuj z nowymi produktami, opakowaniami i strategiami marketingowymi. Innowacje sprawiają, że marka jest świeża i ekscytująca dla konsumentów.
- Koncentracja na jakości: Nigdy nie idź na kompromis w kwestii jakości swojego miodu. Produkty wysokiej jakości tworzą zadowolonych klientów, którzy chętniej wracają i polecają Twoją markę.
- Zrównoważony rozwój ma znaczenie: Podkreśl zrównoważone praktyki w produkcji i pakowaniu. Świadomi ekologicznie konsumenci są bardziej skłonni wspierać marki, które są odpowiedzialne za środowisko.

Stosując strategie i wskazówki opisane w tym przewodniku, można zbudować silny, prężny biznes miodowy. Twoja pasja do pszczelarstwa i oddanie swojemu rzemiosłu będą błyszczeć, przyciągając klientów i napędzając Twój sukces. Pozostań zaangażowany, ucz się i ciesz się słodkimi nagrodami za swoją ciężką pracę.

www.ingramcontent.com/pod-product-compliance
Lightning Source LLC
Chambersburg PA
CBHW071952210526
45479CB00003B/909